Les droits
de l'homme

José Féron

José Féron est né à Ménilmontant en 1940.

Auteur, compositeur, musicien, il chante jusqu'en 1968, puis se consacre à la littérature. Il a publié, chez divers éditeurs, une quinzaine d'ouvrages destinés aux adultes et aux adolescents : romans, contes, nouvelles, légendes, biographies, documents.

Il agit, depuis de nombreuses années, dans des organisations de défense des droits de l'homme.

Plantu

Jean Plantu est né à Paris en 1952 avec un crayon entre les mains. Il a tout juste vingt ans lorsqu'il présente ses premiers dessins au quotidien « Le Monde » que, désormais, il ne quittera plus. Observateur attentif, il traque l'actualité sous toutes ses formes, soulignant d'un trait vif le piquant d'une situation, les petits et grands travers de ses contemporains. Il met aujourd'hui son talent de dessinateur au service des « droits de l'homme ».

Joris Ivens

Joris Ivens est né à Nimègue, en Hollande, en 1898. Ce réalisateur de cinéma, trop souvent méconnu en France, fut l'un des pionniers du documentaire politique. Il a été à travers le monde le témoin de ceux qui souffrent, décrivant les espoirs et la lutte des hommes pour leur libération. On lui doit de nombreux films parmi lesquels : *Borinage* (1933), *Terre d'Espagne* (1937), *Indonesia Calling* (1945), *Comment Yukong déplaça les montagnes* (1971-1975) réalisé avec Marceline Loridan. À travers la préface du livre, Joris Ivens parle du tournage de *Borinage* pour réaffirmer la nécessité d'intervenir dans tous les domaines où la liberté est muselée.

José Féron

Les droits de l'homme

Préface de Joris Ivens

DESSINS DE

PLANTU

Hachette

Avertissement

Cet ouvrage sur les droits de l'homme ne peut être exhaustif. À ce jour, cent cinquante-neuf pays ont adhéré à l'O.N.U. Pour parler de chacun d'entre eux, pour aborder les épisodes qui ont constitué l'histoire de chaque nation, des milliers et des milliers de pages auraient été nécessaires.

Si des États n'ont pas été nommés, si des événements n'ont pas été relatés, ce n'est donc pas par négligence. On comprendra que, pour que ce livre existe, il ait fallu choisir. Je suis responsable de ces choix.

Toute atteinte aux droits de l'homme nous concerne. Qu'elle se produise au nord ou au sud, à l'est ou à l'ouest. Le 4 novembre 1985 à Calcutta, 10 000 enfants ont manifesté contre le travail qu'on leur impose, pour le droit à la santé et à l'éducation ; en 1986, en Colombie, une mère a eu des nouvelles de son enfant « disparu » en l'entendant crier derrière les murs alors qu'elle longeait une caserne...

Dans le vide, la vitesse de la lumière est de 299 792,457 kilomètres à la seconde. D'aussi loin que portent les observations (distance évaluable à 5 milliards d'années de lumière), l'Univers semble constitué de galaxies. Comparé à ces grandeurs, le temps qui sépare le siècle de Spartacus du nôtre compte peu. C'est comme si Spartacus (mort en 71 av. J.-C.) s'était révolté hier contre Rome.

En considérant ainsi l'Histoire, j'ai mêlé étroitement le présent et le passé, juxtaposant des événements anciens et des faits actuels.

© Hachette - Paris, 1987.

Préface

Un mot, tout d'abord, des Gueux de la Hollande. Chez nous, ce ne sont ni des mendiants, ni des vagabonds. Les Gueux hollandais sont les premiers guérilleros. À l'époque où Guillaume d'Orange luttait contre Philippe II, ils menaient la guérilla contre l'envahisseur espagnol. Il y avait deux sortes de Gueux : les Gueux de l'eau et les Gueux de la terre. Ils étaient très près du peuple, rusés comme des renards, insaisissables ; la nuit, ils communiquaient entre eux en imitant le cri de la grenouille.

Ceux qui luttent pour le respect des droits de l'homme, pour la dignité, pour la justice, sont comme ces Gueux de la Hollande. Ils sont près du peuple des gens que l'on méprise, que l'on prive de libertés. Ils mènent leur guérilla contre les bourreaux, les tyrans et leurs complices. Avec courage et détermination.

Ils crient au grand jour, ils dénoncent les empêcheurs de vivre, les emprisonneurs, les assassins de l'espoir, les voleurs du bonheur d'autrui. Quand vient l'obscurité, ils veillent, se relaient, attentifs à tout manquement aux droits, yeux ouverts dans cette nuit que veulent étendre les barbares.

Ces femmes et ces hommes allument des contre-feux pour combattre l'incendie qui menace en permanence. Les bougies qu'ils tiennent en main pourraient paraître dérisoires tant les flammes sont fragiles. Pourtant, quand une s'éteint ici, une autre brille là.

Né deux ans avant ce siècle, je ne suis pas un homme du passé. Au cours de ma vie, j'ai toujours regardé devant moi, je me suis efforcé de protéger les autres. C'est lié. À près de

7

quatre-vingt-dix ans, l'idée que je puisse continuer de vivre sans travailler me semble impossible. L'âge et la fatigue se conjuguent souvent, mais je continuerai jusqu'à l'extrême limite de mes forces à chercher, sans désemparer ni désespérer, la morale de notre histoire, cette histoire dont j'ai toujours voulu être témoin.

José Féron me demande de me souvenir un instant du tournage de Borinage — film que j'ai réalisé avec le cinéaste Henri Storck.

C'est dans les années trente, au plus fort de la crise économique, que j'arrive dans le Borinage. Le bassin minier est à la limite de l'épuisement, Un an auparavant, 250 000 travailleurs ont marché sur Bruxelles. Dockers, cheminots, métallurgistes ont manifesté leur solidarité aux mineurs en grève qui, pour la troisième fois en deux ans, ont vu leur salaire diminué. La ration de pain réduite, n'est-ce pas une atteinte à l'un des droits fondamentaux de l'homme ? La grève a été un échec, et la répression terrible.

L'endroit me paraît sinistre. D'énormes masses de charbon protégées par des barbelés dominent les cités. Ceux qui vivent au pied de cette richesse sont ceux-là qui l'ont tirée de la terre. Ils ne peuvent y toucher. Le charbon est atteint par la crise, mais, plutôt que de le vendre à bas prix ou de le donner aux mineurs, les propriétaires préfèrent le laisser pourrir sur place.

Malgré les expulsions, les menaces, un comité s'est formé. Des hommes veulent reprendre la lutte pour obtenir le droit au charbon. Une grève perdue n'est pas une défaite. La fatigue n'a pas entamé leur détermination. Notre compassion première se change en révolte. Ce film sur la condition de vie du mineur, nous le ferons avec eux. Chaque plan devra dire « J'accuse ».

C'est en voyant la peine, la dignité et la volonté de ces hommes que j'ai su que je devais me rapprocher d'eux, agir pour que la voix de celui qui veut casser son oppression — et que bien peu ont voulu entendre — soit amplifiée et portée à la connaissance du monde.

Je les entends encore : « Joris, tu es au milieu de nous, va dire ce qu'est notre peine, notre lutte. »

J'ai témoigné.

À ceux qui s'interrogent sur le monde, sur le sens ou le non-sens des entreprises humaines et qui s'inquiètent de savoir s'il faut se taire ou bien crier, agir ou se terrer, s'engager ou accepter, je dirai : « Soyez les Gueux des droits de l'homme. »

JORIS IVENS.

I

Le droit à l'information

Là où l'homme est né, le diable lui-même perd ses droits.

Proverbe peuhl.

Chaque jour, la presse, la radio, la télévision nous donnent des nouvelles du monde. Les satellites de communication ont aboli la distance et le temps.

Le 18 octobre 1985, Benjamin Moloïse, jeune Noir d'Afrique du Sud, est allé à la potence avec courage, demandant aux siens qu'on ne s'apitoie pas sur lui. Lors d'une conférence de presse, sa mère, qui, la veille de son exécution, l'avait vu à travers une vitre, a dit combien son fils s'était montré « confiant que son pays serait bientôt libéré des chaînes de l'oppression ».

En février 1983, au Nigéria, l'ordre d'expulsion, sous quinzaine, de plus d'un million de travailleurs étrangers a provoqué un exode lamentable. Les non-Nigérians refoulés ont parfois été accueillis avec le fouet et le bâton par les gardes-frontières de leur pays d'origine. Nous l'avons appris : les caméras de télévision nous ont transmis images et témoignages. C'est pourquoi la police chilienne surveille journalistes et cameramen lors des « protestas »... les matraquages ne doivent pas être filmés...

Pour notre information, des reporters parcourent les

continents. Au péril de leur vie, ils bravent parfois menaces et interdictions. Pour que nous sachions.

Qu'ont fait les membres de l'équipe d'Antenne 2, Kauffmann, Levin et Abouchar ? Leur métier. Pour que nous sachions que l'on se bat ici et là, que l'on attente aux libertés dans telle ou telle région du monde. Ils font partie de la famille que forment ces « Gueux des droits de l'homme », comme les nomme Joris Ivens.

Des privilégiés

Depuis quatre milliards et demi d'années, la Terre tourne autour du Soleil à 107 280 km/h. L'*Homo erectus* est apparu il y a des centaines de milliers d'années. Nous sommes ses descendants, et notre voyage humain, comparé à l'âge de l'Univers, se réduit à peu de temps.

Nous vivons — nous qui lisons ce livre — dans un de ces rares pays qui ont réglé les problèmes les plus aigus de la faim et de la santé, et dans lequel libertés et droits fondamentaux des citoyens sont respectés.

● *La condamnation de Jacques Abouchar à 18 ans de prison a été prononcée, samedi 20 octobre, par un « tribunal révolutionnaire » (...) La radio a affirmé que « le journaliste français avait avoué être entré clandestinement en Afghanistan (...) »* (Le Monde, *23 octobre 1984*.)
● *Avec l'enlèvement de l'équipe d'Antenne 2, samedi 8 mars, huit Français sont maintenant retenus en otage au Liban (...) L'équipe d'Antenne 2 comprend Philippe Rochot, Georges Hansen, cameraman, Aurel Cornéa, preneur de son, Jean-Louis Normandin, assistant éclairagiste.*
● *Le 22 mai 1985, le journaliste de l'Événement du jeudi Jean-Paul Kauffman, et le chercheur Michel Seurat étaient enlevés... Un journaliste américain, Jeremy Levin, a réussi à s'échapper le 13 février 1985, après près d'un an de détention.* (Le Monde, *11 mars 1986*.)

La plupart d'entre nous n'ont connu ni la guerre, ni la désolation, tandis que le conflit entre l'Irak et l'Iran (pour ne citer que celui-là) a déjà fait des centaines de milliers de victimes.

L'école existe pour tous. La nourriture ne manque pas. Nous bénéficions de soins médicaux. Mais...

Au Pakistan, sur cent personnes, soixante-quatorze ne savent ni lire, ni écrire. Natifs d'Afrique ou d'Asie, des êtres squelettiques regardent vers les caméras et semblent nous interpeller : la famine les a creusés, porteuse de souffrances et de mort, alors que nous jetons des tonnes d'aliments, ou que nous les stockons pour que les cours ne s'effondrent pas. Et l'Indonésie compte huit médecins par centaine de milliers d'habitants.

Inscrits sur les listes électorales, nous choisissons entre plusieurs candidats, derrière le rideau de l'isoloir. Nous nous exprimons librement. Femmes koweitiennes, nous n'aurions ni le droit de voter, ni celui d'être candidates. Un décret du 22 juillet 1985 de la Commission islamique précise : « Il ne peut être permis que des femmes recommandent ou désignent d'autres femmes ou des hommes pour des postes publics. » Dans d'autres États, l'isoloir n'existe pas et les 3 516 542 électeurs de la Côte-d'Ivoire se sont *tous* prononcés, en 1985, en faveur du candidat unique à la présidence de la République.

Tout va-t-il pour le mieux ? Vivons-nous dans un jardin

(...) plusieurs responsables de la communauté noire (américaine) estiment que le chômage avoisine les 50 %. En outre, 50 à 63 % des adolescents de Watts (ghetto noir, à Los Angeles) ne finissent pas leurs études secondaires, contre 20 à 40 % des lycéens d'autres zones de la ville comme Hollywood ou San-Fernando Valley, selon les chiffres officiels (...)

(A.F.P./Le Monde, *14 août 1985.*)

---

de délices ? Dans nos sociétés de consommation, les inégalités sont multiples : scolaires, culturelles, sociales et économiques. Le chômage, qui s'accroît depuis une dizaine d'années, accentue les inégalités du monde du travail.

En 1982, en France, les salaires masculins ont été en moyenne supérieurs de 33,36 % à ceux des femmes. Aux États-Unis, 54 % de la totalité des patrimoines familiaux (exclusion faite des maisons et autres propriétés immobilières) appartiennent aux 2 % des familles les plus riches. Quelles sont les chances d'un Noir du ghetto de Watts, à Los Angeles ? (Voir encadré.)

Aux États-Unis comme en France, de nombreuses personnes ont des revenus insuffisants. Certaines familles occupent des logements exigus, insalubres.

De plus, le racisme se manifeste par des mots et des actes violents. À cause de la couleur de leur peau, de leur culture et de leur religion, des gens sont méprisés, maltraités, rejetés.

Malgré le chômage, les inégalités criantes, et le racisme qu'il faut combattre et condamner (les meurtriers racistes du train Bordeaux-Toulouse ont été jugés), nous vivons, comparativement à d'autres peuples, sur un coin de terre

---

Crime raciste dans le train Bordeaux-Toulouse. Un voyageur d'origine algérienne a été victime d'un crime raciste, dans la nuit du lundi 14 au mardi 15 novembre, dans le train Bordeaux-Toulouse. Des militaires ont d'abord sérieusement malmené le voyageur que le contrôleur du train a dû secourir et installer dans une autre voiture. Peu après, les militaires ont rejoint le voyageur et l'ont frappé à coups de couteau avant de le jeter par la fenêtre. Le corps de la victime a été retrouvé mardi matin entre Castelsarrazin et Lavilledieu. Les militaires ont été appréhendés à leur arrivée en gare de Toulouse.

(Le Monde, *16 novembre 1983.*)

---

où les droits de l'homme sont respectés, dans un État de droit.

Nous sommes des privilégiés. Nous vivons en démocratie.

Des syndicats existent, qui élisent leurs délégués. En Afrique du Sud, Philippe Manelli a été arrêté en juillet 1985, détenu pour une durée indéterminée sans inculpation ni procès, et maintenu à l'isolement dans un lieu inconnu de ses proches. Parce que syndicaliste et noir.

Nous avons un toit. En Afrique, en Asie du Sud-Est, au Moyen-Orient, des millions de personnes vivent entassées dans des camps de réfugiés.

Nous voyageons, nous nous rendons à l'étranger. Dans certains pays de l'Europe de l'Est, en Union soviétique, vouloir émigrer, obtenir un visa de sortie ou tout simplement se déplacer est un souhait dangereux. Un candidat à l'émigration risque des années de camp de travail forcé, ou un internement dans un hôpital psychiatrique. Tant que durera la dictature, bien des Chiliens exilés ne pourront rentrer dans leur pays qu'ils quittèrent en 1973, lors du coup d'État du général Pinochet.

Dans nos pays, l'école est obligatoire dès l'âge de six ans. Les parents ont le choix entre différents types d'écoles laïques ou religieuses. Dans d'autres pays, on y donne des cours de fanatisme (voir encadré).

Témoignage d'une enfant iranienne, prisonnière de guerre en Irak. « *La cloche sonne. Il est huit heures. On se met en rang. Pendant dix minutes, on crie :* « *Longue vie à Khomeiny ! Mort aux anti-révolutionnaires ! Mort à l'Amérique ! Mort à l'impérialisme ! Mort à la France !* » *Nos visiteurs — des partisans de Khomeiny — nous expliquent combien c'est beau de devenir martyr en mourant pour sa patrie. Quand ils nous parlent, leur visage est illuminé. On les écoute en silence. Mourir à la guerre, ça me fait peur. Je ne suis qu'une fille et j'aimerais mieux rester avec ma famille.* »

Le droit aux droits

Droit à la vie, à la liberté, à la sûreté. Droit de sortir de son pays, d'y rentrer. Droit de se réunir, de pratiquer sa religion. Droit à la liberté d'opinion. Droit à l'information, au repos. Droit à la santé, à l'éducation... Tous ces droits qui se trouvent énoncés dans la Déclaration universelle des droits de l'homme nous semblent naturels. Mais pour qu'on les proclame ainsi solennellement, c'est donc qu'ils sont bafoués, ignorés.

Si l'article 3 de la Déclaration précise que : « Tout individu a droit à la vie, à la liberté, et à la sûreté de sa personne », c'est bien parce qu'il y a des meurtriers, des prisons dans lesquelles sont enfermées des personnes qui n'ont fait qu'exprimer leur opinion, des êtres que l'on traque.

Si l'article 4 dit que : « Nul ne sera tenu en esclavage ni en servitude ; l'esclavage et la traite des esclaves sont interdits sous toutes leurs formes », c'est bien parce qu'il y eut des négriers, des marchands d'hommes, de femmes, d'enfants.

Qu'il y eut ? Dans un récent rapport, le groupe de travail de l'Organisation des Nations Unies (O.N.U.) sur l'esclavage, a dénoncé des actes commis dans divers pays

---

La police mexicaine vient de procéder à une saisie record de 8 000 tonnes de marijuana. Trois cents personnes ont été arrêtées au cours de cette opération qui a permis, en outre, de découvrir cinq campements où survivaient, dans des conditions misérables, environ trois mille paysans. Hommes, femmes, enfants. Contraints de travailler de 5 heures à 22 heures sous la menace des trafiquants, ils étaient chargés de récolter et de traiter le chanvre. Jamais ils n'avaient reçu le moindre salaire.

(A.F.P. Mexico. Le Monde, 15 novembre 1984.)

« relevant des pratiques esclavagistes » telles que le travail des enfants, la traite des personnes, le servage, les ventes de femmes, d'enfants.

Ces droits dont nous disposons, des femmes et des hommes les ont conquis en luttant, en payant souvent cette lutte de leur vie.

Ces droits, des États, des groupes, des personnes les violent quotidiennement, sur tous les continents.

Des organisations internationales, continentales, nationales tentent de les faire respecter. Des organisations non gouvernementales (les O.N.G.) humanitaires et de défense des droits de l'homme agissent. Incessantes mais nécessaires batailles menées par de petits comités et de vastes mouvements ou par des individus.

Des femmes et des hommes, des enfants souffrent, sont privés de leurs libertés, sont menacés. Leurs emprisonnements nous concernent, les menaces dont ils sont victimes nous touchent. Par fraternité, avant tout, nous devons agir. Pour nous-mêmes, aussi, car les droits et les libertés peuvent se perdre du jour au lendemain.

En France, la peine de mort n'a été abolie qu'en septembre 1981 (voir p. 106). Avec la Turquie, la France était le dernier État européen occidental à appliquer la peine capitale. Depuis 1981 — et surtout depuis les actes de terrorisme perpétrés à Paris en 1986 — des tendances politiques, des mouvements d'opinion réclament, parfois avec véhémence, son rétablissement. Nous devons rester vigilants. Les mesures d'exception préconisées pour la lutte contre le terrorisme, ne risqueraient-elles pas de remettre en cause ce principe fondamental des droits de l'homme : le droit à la vie de tout individu ?

Autre droit menacé, pour les mêmes raisons « d'insécurité » : le droit d'asile. Depuis la Révolution, la France a toujours été une terre d'accueil. C'est un principe inscrit dans sa Constitution. Aujourd'hui encore, par milliers, des femmes et des hommes fuient leur pays, victimes de persécutions. Notre devoir n'est-il pas de les accueillir ?

En tant qu'être humain, chaque individu a droit
à la protection de ses semblables.

Le 10 décembre 1948, les délégués de 56 pays sont réunis au palais de Chaillot, à Paris. À l'ordre du jour de l'Assemblée générale des Nations Unies, l'adoption de la Déclaration universelle des droits de l'homme. *Universelle :* René Cassin s'est battu pour ce mot. Certains représentants voulaient que cette Déclaration fût intitulée *internationale.*

Après une vive intervention, René Cassin a emporté la décision, mais les discussions ont été rudes. Quelque temps avant le vote, l'Assemblée a rejeté une proposition soviétique qui tendait à renvoyer à l'année suivante les débats sur la déclaration. « C'est une ingérence intolérable dans les affaires intérieures des États », a lancé M. Vychinski, le délégué de l'U.R.S.S.

On procède à l'appel des délégués. Par tirage au sort, la Birmanie a été désignée pour se prononcer en premier. Ensuite, par ordre alphabétique, viennent les représentants du Canada, du Chili, de la Chine.

René Cassin est né à Bayonne en 1887. La Première Guerre mondiale interrompt sa carrière de juriste. Grièvement blessé, il fonde l' « Union fédérale des anciens combattants ». Durant dix-huit ans, il sera délégué de la France à la Société des Nations (S.D.N.).

Seconde Guerre mondiale. Il est l'un des premiers à rejoindre le général de Gaulle à Londres. Il sera appelé à exercer de hautes fonctions dans divers organismes.

Profondément épris de justice, globe-trotter de la paix, infatigable, René Cassin s'est dévoué toute sa vie aux questions sociales, aux problèmes des droits de l'homme. Il deviendra président de la Cour européenne, première institution à rendre la justice au-dessus des législations nationales. En 1968, il recevra le prix Nobel de la Paix, puis fondera à Strasbourg l'Institut international des droits de l'homme. Mort à quatre-vingt-neuf ans, il restera dans l'Histoire comme l'un des pionniers des droits de l'être humain.

---

48 voix pour, 8 abstentions. La Déclaration universelle des droits de l'homme est adoptée.

Une chaleureuse ovation monte vers Mme Eleanor Roosevelt, présidente de la Commission chargée de la rédaction du texte, veuve du président des États-Unis, Franklin D. Roosevelt.

« La France est non seulement fière et heureuse que la Déclaration des droits de l'homme, appelée « universelle » sur son initiative, ait été votée à Paris, mais encore d'avoir, fidèle à sa tradition, pris une part importante aux longs travaux qui ont abouti à un résultat positif. » (René Cassin, le 10 décembre 1948.)

Les pays suivants ont voté pour l'adoption de la Déclaration universelle des droits de l'homme :

Birmanie, Canada, Chili, Chine, Colombie, Costa-Rica, Cuba, Danemark, République dominicaine, Équateur, Égypte, El Salvador, Éthiopie, France, Grèce, Guatemala, Haïti, Islande, Inde, Iran, Irak, Liban, Libéria, Luxembourg, Mexique, Pays-Bas, Nouvelle-Zélande, Nicaragua, Norvège, Pakistan, Panamá, Paraguay, Pérou, Philippines, Siam, Suède, Syrie, Turquie, Royaume-Uni, États-Unis d'Amérique, Uruguay, Venezuela, Afghanistan, Argentine, Australie, Belgique, Bolivie, Brésil.

Ceux-ci se sont abstenus : République Socialiste Soviétique de Biélorussie, Tchécoslovaquie, Pologne, Arabie Saoudite, République Socialiste Soviétique d'Ukraine, Union Sud-Africaine, Union des Républiques Socialistes Soviétiques, Yougoslavie.

Le Honduras et le Yémen étaient absents.

III

Aux sources des droits

Tout un homme, fait de tous les hommes
et qui les vaut tous et que vaut n'importe
qui.

Jean-Paul SARTRE, *Les Mots*.

La personne humaine

Si nous parlons de « droits de l'homme » c'est que nous
attribuons à l'homme, c'est-à-dire à la personne humaine,
une valeur particulière. Nous considérons qu'au-delà des
différences de race, de culture et de statut social, l'homme
est porteur d'une dignité et d'une aspiration à la liberté qui
lui sont propres. Cette conception qui nous est aujourd'hui
familière n'a pas toujours été dominante.

Les hommes des sociétés dites primitives faisaient une
distinction entre les personnes appartenant à leur groupe
ethnique et celles qui lui étaient extérieures. Les Grecs
anciens, eux, considéraient qu'il existait une différence de
nature entre le Grec et le « Barbare », entre le citoyen et
le non-citoyen. C'est au nom de cette différence que
certains philosophes, comme Aristote, justifiaient l'esclavage.

Le christianisme est la première doctrine qui s'est
adressée à tous les hommes sans exception, ni distinction
aucune. Ainsi saint Paul dans l'Épître aux Galates affirme :
« Il n'y a plus ni Juif, ni Grec ; il n'y a plus ni esclave, ni

homme libre ; il n'y a plus l'homme et la femme ; car tous vous n'êtes qu'un en Jésus-Christ » (Galates, III).

Le principe révolutionnaire énoncé par saint Paul mettra des siècles à s'imposer. Dans la société médiévale chrétienne, les hommes ont des statuts juridiques particuliers et le serf n'est pas l'égal du seigneur. L'Église, au cours de son histoire, a souvent traité les hérétiques et les Juifs avec la plus grande dureté, et l'Inquisition, avec la pratique systématique de la torture, est restée le symbole même du mépris des droits de l'homme.

La conception universelle et abstraite de l'homme, qui est contenue dans le message chrétien, n'a triomphé qu'au siècle des Lumières (XVIIIᵉ).

L'article premier de la Déclaration des droits de l'homme et du citoyen est directement inspiré de Jean-Jacques Rousseau. Il proclame que « tous les hommes naissent et demeurent libres et égaux en droits ».

La théorie du Contrat social

Cependant, c'est dans un cadre laïc que les philosophes du XVIIᵉ et du XVIIIᵉ ont développé leur réflexion politique. Pour eux, les droits de l'homme ne se fondent pas sur une qualité ou un ordre relevant du divin, mais sur les besoins et les tendances de la nature humaine elle-même.

Pour les philosophes qui ont élaboré la théorie du Contrat social (les plus connus sont Hobbes, Locke et Rousseau), la société humaine se fonde sur la volonté d'être ensemble, et les finalités politiques de toute communauté humaine sont nécessairement voulues dans l'intérêt de la personne. Les prérogatives naturelles de cette dernière sont la vie, la libre disposition du corps, de la conscience et des activités individuelles. Le pouvoir politique, quelle que soit sa forme, est au service de la personne.

Chaque fois que celle-ci est bafouée par le pouvoir, elle a donc le droit et même le devoir de désobéir et de résister, comme le proclament les Déclarations de 1789 et de 1793.

Il existe toujours un antagonisme entre le pouvoir et le besoin de liberté de l'homme et il n'y a pas eu, jusqu'à présent, d'exemple de sociétés sans pouvoir, même si l'on rencontre des sociétés sans État. Une politique des droits de l'homme doit s'efforcer de faire coexister le plus harmonieusement possible ces deux termes opposés.

Le droit à la désobéissance

La tragédie du poète grec Sophocle *Antigone* (441 av. J.-C.) exprime ce conflit entre la personne et le pouvoir qui est au cœur même de la question des droits de l'homme.

Créon est roi de Thèbes. Il a ordonné de laisser sans sépulture le cadavre de Polynice qui a commis le crime de combattre sa patrie. Antigone, sœur de Polynice, ne veut pas laisser ainsi le corps de son frère aimé. Elle va désobéir aux consignes du souverain, au risque de sa vie.

Face à Créon qui l'accuse, Antigone se dresse et proteste. Est-ce qu'une loi peut empêcher une sœur d'enterrer dignement son frère ? Est-ce qu'il n'y a pas une loi, non écrite, vivante, faisant partie de la personne humaine qu'il faut respecter, même si elle contredit les ordres du souverain ? Cette loi et d'autres sont infaillibles, divines. L'autorité, l'ordre d'un homme — fût-il roi — ne tiennent pas devant ces lois. Il arrive souvent que celles-ci s'opposent aux lois écrites. Pour leur obéir, pour ne pas se trahir, l'individu doit parfois braver les autorités, l'État. Ce faisant, il s'expose à de graves châtiments. Antigone fut condamnée par Créon à être enterrée vivante.

La révolte de Spartacus

En 73 av. J.-C., l'Italie compte près de deux millions d'esclaves. Assurant souvent les travaux les plus rudes, ils ne coûtent rien d'autre au maître que la nourriture. Pas plus que les vêtements qu'ils portent, leur vie ne leur appartient. Ils sont la propriété du maître. Prisonniers de guerre, ils sont devenus esclaves, ou bien, nés de mère esclave, ils ont hérité de cette condition servile.

À Capoue, une école de gladiateurs entraîne des esclaves à combattre sur le sable des arènes. En luttant jusqu'à la mort, ils divertissent les Romains. Spartacus est l'un d'entre eux. Un jour ou l'autre, le gladiateur devra tendre sa gorge à son vainqueur. Spartacus sait qu'il mourra, tôt ou tard, dans le cirque.

Il se révolte, s'enfuit avec soixante-dix-huit de ses camarades et se réfugie sur les pentes du Vésuve. Bientôt, brisant leurs chaînes, fracassant les portes de leur maître, des esclaves, et des paysans ruinés, les rejoignent.

Les rebelles s'organisent, pillent les riches. Spartacus exige que le butin soit réparti entre tous, avec égalité.

Des légionnaires marchent sur Spartacus, et sont mis en déroute. L'armée des révoltés grandit, prend des villes, délivre les esclaves. Rome s'inquiète : ils sont cent mille autour de Spartacus qui viennent vers la cité. Un espoir fou anime pauvres et opprimés...

Pendant deux années, Spartacus et ses troupes tiendront tête aux consuls et à leurs légions. Finalement, lors d'une terrible bataille, Spartacus tombera, percé par plus de vingt lames. Six mille rebelles se rendront à Crassus, le général vainqueur. Celui-ci les fera tous mettre en croix, sur la Via Appia qui va de Capoue à Rome. Cinq mille autres seront mis à mort par Pompée.

Ainsi prit fin ce qu'on a appelé la « révolte des gladiateurs », qui fut la plus importante des révoltes d'esclaves.

IV

Des mots pour l'homme

> « Il fait froid et nous n'avons pas de couvertures. Les petits enfants meurent. Certains des nôtres se sont réfugiés dans les collines ; ils n'ont ni nourriture ni couvertures ; nul ne sait où ils se trouvent ; peut-être sont-ils en train de mourir de froid. »
>
> JOSEPH, chef des Indiens Nez-percés.

Avant la Déclaration universelle des droits de l'homme, la Déclaration des droits de l'homme et du citoyen de 1789 a été porteuse de nouveauté. Ce texte a cependant des précédents et des inspirateurs.

La Grande Charte

Elle date de 1215, et a été imposée par les barons d'Angleterre révoltés contre le roi Jean-sans-Terre. C'est le premier des grands documents qui va conduire aux déclarations importantes. Il comporte 63 articles et a été rédigé en France, à l'abbaye de Pontigny. Le souverain reconnaît lui-même les droits et les libertés affirmés dans la Charte.

« Aucun homme libre ne sera arrêté, emprisonné... Nous n'enverrons personne contre lui, sauf en vertu d'un jugement loyal de ses pairs, conformément à la loi du pays... » (extraits de l'article 39).

« Il sera permis, à l'avenir, à toutes les personnes de sortir de notre royaume et d'y revenir librement et en toute sûreté... » (extraits de l'article 42).

La protection du droit à l'innocence est proclamée, ainsi que la liberté de circulation.

Bartolomé de Las Casas

Christophe Colomb a, à la fin du XVe siècle, ouvert la voie du Nouveau Monde aux conquistadores d'Espagne. D'abord chercheur d'or, Bartolomé de Las Casas (1474-1566) est scandalisé par l'action des soldats « civilisateurs » qui enveloppent de paille les prisonniers puis les brûlent, jettent les enfants dans les ravins.

« Toutes ces actions, écrira-t-il plus tard, et bien d'autres totalement inhumaines, mes yeux les ont vues. »

Pour l'instant, il est là, à Haïti, prenant sa part du butin, recevant terres et Indiens que les vainqueurs se distribuent. Il est en bonne position pour devenir très riche.

Il profite d'un voyage pour se faire ordonner prêtre, et reprend la mer. À San Domingo, le sermon d'un domini-

---

« *La répartition des terres* et des propriétés que les Espagnols ont imposée est toujours en vigueur chez tous ces peuples doux, humbles, pacifiques, incapables d'offenser qui que ce soit, chez ces citoyens libres, chez ces natifs de grands et nombreux royaumes qui avaient leurs propres rois et seigneurs pour régner et gouverner. Ces étrangers les ont soumis au prix de guerres sanglantes ; injustes, illégitimes, ces étrangers plus forts et plus armés qu'eux à qui manquaient chevaux, armes blanches, artillerie et matériel pour se défendre ; ils les ont répartis et éparpillés sans considération sociale, rois, sujets, vassaux ; ils les ont réduits à la plus dure des servitudes, nuit et jour, et jusqu'à leur mort ils sont au travail. Ils se trouvent dans l'impossibilité d'exercer leur esprit et, à plus forte raison, de pratiquer la foi chrétienne. »
B. de LAS CASAS.

---

cain le bouleverse : « ... Dites-moi de quel droit, au nom de quelle justice, maintenez-vous les Indiens dans une si cruelle et si horrible servitude?... Ne sont-ils pas des hommes ? »

Quelque temps après, afin de pouvoir condamner en toute liberté l'injustice et la tyrannie, il décide de renoncer aux Indiens qu'il possède. Il repart pour l'Espagne afin d'y défendre la cause des opprimés.

En 1523, de retour à Haïti, il entre chez les dominicains, poursuivant son combat, infatigable défenseur des Indiens. Mais les colons espagnols ne l'écoutent pas. Pourtant, le pape Paul III est intervenu en 1537, déclarant que « les Indiens étant de véritables hommes, ils ne pourront en aucun cas être privés de leurs libertés, ni de la possession de leurs biens... ».

Bartolomé insiste auprès de Charles Quint (roi d'Espagne et souverain du Saint Empire romain germanique) et dénonce encore l'injustice. Enfin, il obtient, en 1542, la publication de « Lois nouvelles » qui visent à humaniser la colonisation.

Nommé évêque de Chiaffa, au Mexique, il se heurte aux colons qui le considèrent comme un ennemi. Bartolomé reste ferme et refuse l'accès aux sacrements à ceux qui maintiendront les Indiens en esclavage. On le hait tellement qu'il doit se résoudre à regagner l'Europe. Ultime voyage... Le reste de sa vie, il priera, écrira, intervenant au Conseil des Indes, tentant d'être influent. Sentant la fin venir (juillet 1566), il s'excusera de ne pas avoir assez fait pour ses amis Indiens.

Les Indiens d'Amazonie fournissent l'exemple d'une extermination. On croit pouvoir évaluer leur population à plus de 15 millions quand arrivèrent les conquistadores. Aujourd'hui, ils sont à peine 200 000. Les villages en feu, l'empoisonnement collectif, la propagation intentionnelle de maladies, l'envoi au travail meurtrier des mines en sont responsables. Et leurs dernières terres continuent à être convoitées et confisquées.

L'incessante lutte pour les droits

Las Casas a vécu 1 600 ans après Spartacus, mais il n'y a guère plus d'un siècle d'intervalle entre les « Lois nouvelles » de Charles Quint et l'Habeas corpus. Les événements vont se précipiter : les idées circulent ; des guerres, des révolutions éclatent ; des hommes agissent.

Pour l'obtention d'un droit, une liberté nouvelle, chaque fois il y eut lutte. C'est parce qu'il y avait abus, violences, souffrances que des gens se sont dressés. Les droits de l'homme ne furent pas gagnés devant une cheminée, face à la flamme vive d'un feu de bois, dans le calme d'une maison confortable.

Las Casas a arraché à Charles Quint les « Lois nouvelles » ; et lorsqu'il arriva en terre haïtienne, ce n'est pas immédiatement qu'il se rendit compte qu'il devait lutter contre les injustices commises. Et Sénèque, homme politique et philosophe romain, qui aimait à dire : « L'homme est une chose sacrée pour l'homme », Sénèque n'affranchira ses esclaves qu'au terme de sa vie...

Le prince n'abandonne pas aisément ses privilèges... Pour des libertés arrachées, combien d'années et d'années de combats, de peines, d'espoirs brisés !

1776 : Déclaration d'Indépendance américaine

À la suite de navigateurs, d'explorateurs comme Cavelier de La Salle, les Européens se sont introduits en Amérique du Nord. Ne tenant aucun compte des populations indiennes, ils se partagent les zones découvertes (sur le territoire actuel des États-Unis) et les peuplent. Les Espagnols sont en Floride, au Texas ; les Français vers les Grands Lacs, puis en Louisiane ; les Anglais se trouvent sur la côte atlantique.

Ceux-ci constituent en quelques années (de 1620 à 1663) treize colonies britanniques. Peu à peu, les colons deviennent autonomes, s'habituent à cette indépendance, et refusent bientôt de payer les impôts exigés par Londres.

Les Anglais réagissent et ferment le port de Boston. Mais les colons s'organisent. En 1774, un premier congrès se réunit, sous l'impulsion de Benjamin Franklin (l'inventeur du paratonnerre), réclamant pour les colonies la liberté de se gouverner. Londres se raidit. La guerre d'Indépendance éclate en 1775 (elle se terminera en 1781).

Le 4 juillet 1776, c'est la fameuse Déclaration d'Indépendance rédigée par Thomas Jefferson. Les États-Unis sont nés... ainsi que le premier texte moderne de déclaration des droits de l'homme.

« Nous tenons pour évidentes par elles-mêmes les vérités suivantes : Tous les hommes sont créés égaux ; ils sont dotés par le Créateur de certains droits inaliénables ; parmi ces droits se trouvent la vie, la liberté et la recherche du bonheur. Les gouvernements sont établis parmi les hommes pour garantir ces droits, et leur juste pouvoir émane du consentement des gouvernés. Toutes les fois qu'une forme de gouvernement devient destructive de ce but, le peuple a le droit de la changer ou de l'abolir, et d'établir un nouveau gouvernement... »

Auparavant, le roi avait des sujets. En 1776, le gouvernement émane du consentement populaire pour garantir les droits des hommes.

« *Après des siècles* d'une oppression générale, puisse la révolution qui vient de s'opérer au-delà des mers, en offrant à tous les habitants de l'Europe un asile contre le fanatisme et la tyrannie, instruire ceux qui gouvernent les hommes sur le légitime usage de leur autorité ! Puissent ces braves Américains prévenir l'accroissement énorme et l'inégale distribution de la richesse, le luxe, la mollesse, la corruption des mœurs, et pourvoir au maintien de leur liberté et à la durée de leur gouvernement. »

J.-J. ROUSSEAU.

1789 : La Déclaration des droits de l'homme et du citoyen

Le XVIIIᵉ siècle est, en France, celui de la « philosophie des Lumières ». Les encyclopédistes travaillent avec Diderot et d'Alembert, les idées circulent, les « sociétés de pensée » se forment, qui sont favorables à l'égalité et à la liberté.

Plume à la main, les philosophes s'affrontent ; ils ont des opinions différentes sur l'homme et la société, mais tous partagent la conviction qu'un homme possède des droits, du seul fait qu'il est un être humain. Un gouvernement se juge d'après la politique menée pour que ces droits soient respectés. Intolérance et despotisme sont condamnés.

Le XVIIIᵉ siècle est aussi une époque de grandes transformations économiques : le commerce est en expansion, la production des manufactures s'accroît et la population augmente. Cependant, le royaume de France traverse une grave crise financière. Pour remédier aux difficultés économiques du pays, Louis XVI et ses ministres doivent s'attaquer aux privilèges des nobles et des membres du haut clergé. Ceux-ci ne l'admettent pas et exigent la convocation des États généraux, assemblée composée des trois ordres de la nation : noblesse, clergé et Tiers État.

La population est appelée à faire connaître ses doléances au roi et au Parlement. Les principales revendications exprimées par le peuple sont : l'égalité de tous devant l'impôt, des droits égaux pour tous à exercer des « charges publiques » et le libre droit d'expression.

Le 9 juillet 1789, les députés du Tiers État, qui s'étaient opposés à ceux des autres ordres, prennent le nom d'Assemblée nationale constituante et décident de donner une constitution à la France. Ils sont rejoints par des membres du clergé et de la noblesse. La guerre d'Indépendance américaine à laquelle avaient participé plusieurs Français, dont La Fayette, constituait un exemple.

Mais c'est l'intervention violente des Parisiens qui trans-

Avant 1789.

L'Ancien Régime : *c'est la royauté absolue, de droit divin ; les sujets n'ont que des devoirs envers le roi.*

La Cour : *18 000 personnes vivent à Versailles ; 16 000 sont au service de la famille royale. 2 000 courtisans sont sans fonction définie. Son entretien coûte très cher : 35 millions de livres, soit le 1/15 des revenus de l'État.*

Les impôts : *les couches laborieuses, et particulièrement les paysans croulent sous leur poids.*

La justice : *abus nombreux, lois féroces ; un simple vol conduit aux galères à perpétuité ou à la potence ; les supplices (langues percée, écartèlement) restent cruels malgré l'abolition de la torture en 1788.*

La noblesse : *elle constitue l'aristocratie ; elle a de multiples privilèges ;* la haute noblesse *a seule accès aux charges de la Cour, aux hautes dignités.*

Le haut clergé : *il mène une vie fastueuse et il est uniquement recruté parmi les nobles.*

La bourgeoisie *s'est enrichie avec le commerce, la « traite des nègres ». Ses prétentions s'accroissent avec sa fortune ; classe dirigeante pour ce qui est de l'économie, elle désire l'être aussi politiquement et socialement. Son enrichissement sera l'une des causes profondes de la révolution. La destruction de l'Ancien Régime et la création par la bourgeoisie d'un régime politique et social inspiré du programme des philosophes, et du* Bill of rights, *voilà ce que l'on appellera la Révolution française.*

Les artisans *peinent beaucoup et gagnent peu.*

Les paysans : *neuf Français sur dix vivent du travail de la terre et subissent de lourdes charges. Ils sont seuls à être astreints au service militaire, à la corvée royale. Ils doivent la dîme au curé et les droits féodaux au seigneur.*

formera la rébellion des députés en véritable révolution.

14 juillet 1789 : le peuple qui souffrait de la disette depuis des mois prend d'assaut la Bastille (prison d'État) et la détruit. La révolution gagne les plus grandes villes du royaume, pendant que se propage une révolte dans les campagnes. Les paysans prennent les armes contre leurs seigneurs et maîtres, pillent, incendient.

Dans la nuit du 4 août, l'Assemblée constituante siège. À la suite de plusieurs discours, c'est l'enthousiasme, le délire. Les députés abolissent tous les privilèges dont noblesse et clergé jouissaient. En quelques heures s'est accomplie une véritable révolution sociale. L'égalité des citoyens est proclamée.

Après la nuit du 4 août, les jours sont fiévreusement vécus. L'Assemblée constituante a décidé qu'une Déclaration des droits sera établie d'urgence. Les députés trouvent des formules brèves, nobles, lumineuses, et, le 26 août, la Déclaration des droits de l'homme et du citoyen est adoptée. Lors de la rédaction du texte, Thomas Jefferson, rédacteur de la fameuse Déclaration d'Indépendance américaine de 1776, n'a pas ménagé sa peine. Présent à Paris, il a donné bien des conseils aux députés.

L'un des axes autour desquels la Déclaration de 1789 s'organise est que l'homme dispose de droits naturels. Le concept de droits naturels a été défini lors de l'élaboration philosophique du « contrat social » (voir p. 23).

Ces droits sont inaliénables et sacrés. Ce sont la liberté, la propriété, la sûreté et la résistance à l'oppression ; et l'article 2 proclame que le but de toute association politique est la conservation de ces droits naturels et imprescriptibles.

Homme et citoyen

> Pareil phénomène dans l'histoire des hommes ne se laissera plus jamais oublier car il a relevé dans la nature humaine une disposition au progrès et une capacité de le réaliser telles qu'aucun homme politique considérant le cours passé des choses n'aurait pu les concevoir.
>
> Emmanuel KANT, *sur la Déclaration des droits de l'homme et du citoyen.*

Sous l'Ancien Régime, les Français n'avaient que des devoirs vis-à-vis de l'État ; ils étaient sujets d'un roi tenant sa couronne de Dieu, responsable de ses actes devant Dieu seul. De sujet qu'il était, le Français est devenu citoyen d'un État qui se doit de protéger l'individu. Mais la Déclaration ne concerne pas que les Français. Les droits énoncés parlent de l'*homme*... (de l'être humain). Ils sont universels... Cette Déclaration, bien des pays vont s'en inspirer (l'Espagne en 1812, la Belgique en 1831, le Portugal en 1838, la Grèce en 1844...).

Le 17 juillet 1789, le roi a reçu à l'Hôtel de Ville une cocarde tricolore des mains de La Fayette. Le blanc (couleur royale) est au centre du bleu et du rouge (couleurs de Paris). Le 14 septembre 1791, Louis XVI ne sera plus roi de France, mais roi des Français. Et le 21 janvier 1793, c'est le citoyen Louis Capet qui sera exécuté...

1793 : La Constitution de l'An I

Cinq mois plus tard, le 24 juin, naît la Constitution de l'An I. Elle est d'une importance extrême et les démocrates la considèrent comme un modèle. Elle commence par une nouvelle Déclaration des droits de l'homme et du citoyen comprenant 35 articles.

— La société a des dettes sacrées vis-à-vis des citoyens malheureux auxquels elle doit subsistance en procurant, soit du travail, soit les moyens d'exister à ceux qui sont hors d'état de travailler : (art. 21) ; l'instruction doit être mise à la portée de tous les citoyens : (art. 22) ; enfin, « quand le gouvernement viole les droits du peuple, l'insurrection est (pour le peuple) le plus sacré des droits et le plus indispensable des devoirs ».

1848 : La Deuxième République

> La fin d'une loi n'est point d'abolir ou de diminuer la liberté, mais de la conserver et de l'augmenter.
>
> John LOCKE.

Comme la Révolution de 1830, celle de 1848 en France, sera suivie de nombreux mouvements révolutionnaires, en Allemagne, en Autriche, en Italie. La Constitution de la Deuxième République française proclame que l'enseignement est libre, que l'esclavage ne peut exister sur aucune terre française, et l'article 13 « garantit aux citoyens la liberté du travail et de l'industrie. La société favorise et encourage le développement du travail par l'enseignement primaire gratuit, l'éducation professionnelle, l'égalité de rapports entre patron et ouvriers... ».

Travail, industrie, éducation, rapport patron-ouvriers... Des droits nouveaux sont proclamés, ou réaffirmés. Le monde bouge ! Entre 1750 et 1880, en Europe occidentale, la population double, l'espérance de vie s'allonge, le taux de mortalité (surtout des enfants de moins de cinq ans) baisse. Disettes et épidémies reculent. Jenner vaccine contre la variole (1796) ; Pasteur (1822-1895) va bouleverser médecine et chirurgie.

V

La peine des hommes

Il existe seulement deux familles dans le
monde : ceux qui possèdent et ceux qui ne
possèdent pas.

CERVANTÈS, *Don Quichotte*.

Le monde bouge. La révolution industrielle va changer
modes et conditions de vie, paysage, économie et production. Voici venu le temps des machines.

Les inventions se multiplient. Watt perfectionne la
machine à vapeur (1769). Fourneyron met au point la
turbine hydraulique (1827). Stephenson construit une première locomotive vraiment pratique (1829). Mac Cormick
crée un nouveau type de moissonneuse (1851). On fabrique
de l'acier, de l'aluminium (1855) et la lampe de sécurité
pour les mineurs de Davy réduit — depuis 1816 — le risque
d'explosion due au grisou.

Des usines sont construites. La métallurgie est en plein
essor. On exploite les gisements houillers. De grandes
dynasties d'affaires se créent ; les techniques nouvelles
demandent une accumulation de capitaux. Le capitalisme
contemporain prend naissance.

Les populations émigrent vers les villes ; un prolétariat
urbain naît, qui travaille durement et vit dans des conditions misérables.

En tête des nations industrielles : l'Angleterre. Avec

2 % de la population mondiale, elle assure presque la moitié de la production industrielle du globe.

Nous éloignons-nous des droits de l'homme ? Nullement. Il faut savoir que des villes ont poussé, que les ateliers résonnent, que grincent les wagonnets dans la mine. À nouveaux travaux, peines nouvelles et nouvelles revendications pour des droits et des libertés.

Les entrepreneurs veulent être compétitifs, abaisser les prix de revient et gagner davantage. Le monde industriel fait appel aux hommes, aux femmes, aux enfants. Ceux-ci connaissent de longues et dures journées, un labeur épuisant. Le travail des enfants revient moins cher que celui des hommes qui, déjà, coûte peu... Et puis l'enfant ne proteste pas. On peut le maltraiter sans crainte (voir encadré). Quant aux femmes, leur paie est considérée comme un salaire d'appoint puisque c'est l'homme qui doit nourrir sa famille...

L'enseignement primaire gratuit a été proclamé en 1848. Il ne concerne que les garçons... C'est beaucoup plus tard que les filles pourront fréquenter, elles aussi, le lycée ou le collège. En 1883, dans l'enseignement secondaire, plus de 90 000 garçons sont scolarisés contre moins de 3 000 filles. En 1929, elles ne sont encore que 50 000 contre 119 000 garçons.

« Voyez-les aussi sortir des entrailles de la terre. Ce sont des enfants de quatre à cinq ans, plusieurs sont de petites filles encore jolies, délicates et timides ; des fonctions de la plus grande importance leur sont confiées et les obligent à entrer les premiers dans la mine pour n'en ressortir que les derniers. Leur travail n'est pas trop rude, il est vrai, ce leur serait chose impossible, mais il s'accomplit au milieu des ténèbres, du silence et de la solitude. Ils subissent la punition que les philanthropes ont inventée pour les plus grands coupables et que ceux-ci redoutent plus que la mort même. »
(DISRAELI, Sybil ou les deux nations, 1845.)

Dans l'île de Negros, aux Philippines, Marilyn Roquero travaille dans les champs de canne à sucre six heures par jour pour 6 pesos (1 franc). « Quand il n'y a rien à manger, dit-elle, on se nourrit avec des racines. » Andreas, son mari, part le matin à 4 h 30 et parcourt cinq kilomètres pour rejoindre la file des ouvriers qui attendent à la porte de l'hacienda. S'il a la chance qu'un contremaître vienne le désigner, Andreas travaillera pendant douze heures, chargeant quatre tonnes de canne à sucre pour 20 pesos. Prolétaires du XIXe siècle ? Non. Rapporté par le journal Le Monde, *cela se passe en 1986, juste après la chute du dictateur Ferdinand Marcos. Les Roquero gagnent l'équivalent de 250 dollars en une année. Ferdinand Marcos, réfugié aux États-Unis, avait des appointements annuels de 46 700 dollars. Malgré ces substantiels revenus, on peut se demander, commente* Le Monde, *comment l'ex-président des Philippines a pu accumuler une fortune estimée à 10 milliards de dollars, soit plus du tiers de la dette extérieure (27 milliards de dollars) de ce pays de cinquante-quatre millions d'habitants...*

Qui ne voudrait « un peu plus de justice », comme les Roquero le revendiquent eux-mêmes pour Marilyn et Andreas ?

Qui ? Les 7 % de propriétaires de l'île qui contrôlent la majorité des terres abandonneront-ils leurs domaines ?

Pour les garder, ces « barons du sucre » ont des armées privées. Leurs mercenaires touchent d'importants salaires. Les vastes demeures sont entourées de kilomètres de murs de béton surmontés de grillages électrifiés. Perchés dans les miradors, les gardiens veillent.

Libres et égaux en dignité et en droits, Marilyn et Andreas ? Manger du riz ou des racines, espérer avoir du travail, tel est leur lot de chaque jour. Leurs trois enfants vivent-ils dignement ? Nous le voudrions. Pas les barons du sucre. En septembre 1985, lors d'un rassemblement de paysans, vingt et une personnes ont été abattues.

45

> ... *Chaque fabricant vit dans sa fabrique comme le planteur des colonies au milieu des esclaves, un contre cent. Les Barbares qui menacent la société ne sont point dans le Caucase : ils sont dans les faubourgs de nos villes manufacturières.*
>
> (Journal des Débats, *8 décembre 1831.*)

La loi doit être respectée et appliquée. Mais si la loi est injuste, ne faut-il pas la changer ? Si elle n'existe pas, ne doit-on pas légiférer ?

En France, les ouvriers sont d'autant plus inorganisés que la loi leur défend toute coalition. La première forme de syndicat va naître en Angleterre où le droit de grève a été accordé en 1824. Les *Trade Unions* organisent de grandes manifestations ; nombreux, les participants sont disciplinés. Ce qu'ils veulent ? Informer l'opinion publique de leurs difficultés. La grève n'est utilisée qu'en dernier ressort.

C'est seulement quarante ans plus tard que la grève, en France, ne constituera plus un délit, et c'est en 1884 que les syndicats seront autorisés.

1824 - Loi autorisant la grève (Angleterre)

1841 - Interdiction du travail des ouvriers de moins de 8 ans (France)

1857 - Abolition du servage sur les domaines impériaux (Russie)

1864 - La grève n'est plus un délit (France)

1868 - Loi fédérale limitant à 8 h le travail des fonctionnaires (États-Unis)

1874 - Création de l'inspection du travail. Travail interdit aux moins de 13 ans (France)

1875 - Semaine de travail limitée à 54 h pour femmes et enfants (Angleterre)

1883/1889 - Lois sociales de Bismark couvrant la maladie, l'invalidité, la vieillesse (Allemagne)

D'autres droits ont été obtenus ; parmi eux : 1898/1899 : Fondation des centrales syndicales (Danemark, Norvège, Suède). 1908 : Loi sur les retraites ouvrières (Angleterre). 1912 : Première loi sociale à portée fédérale fixant un salaire minimal (États-Unis), etc. De nouveaux droits seront conquis, souvent de haute lutte, par des grèves. Rien n'est jamais acquis définitivement. En 1848, en France, le droit au travail et à être secouru en cas de chômage est proclamé. La loi sera abrogée en 1850...

Liberté, égalité

Ces mots sont présents dans tous les textes. Selon l'article 1 de la Déclaration universelle : « Tous les hommes naissent libres et égaux en dignité et en droit. » Or, nous venons de le constater, les inégalités sont criantes, le prolétaire n'est pas libre, la femme encore moins que lui. Ces mots : « libres », « égaux », que signifient-ils ? Aujourd'hui même, en Arabie Saoudite, le revenu moyen annuel par habitant est de 12 200 dollars ; en Éthiopie, il est de 120 dollars et les habitants de ce pays meurent de faim. En

---

1884 - Loi accordant la liberté syndicale — excepté pour les fonctionnaires jusqu'en 1924 (France)

1892 - Travail des 13-18 ans ramené à 10 h. Travail des femmes limité à 11 h, interdit de nuit (France)

1898 - En cas d'accident du travail, le patron est responsable ; indemnités dues aux accidentés (France)

1900 - Travail limité à 10 h dans les ateliers mixtes (France)

1905 - Travail dans les mines limité à 8 h (France)

1907 - Repos hebdomadaire obligatoire (France)

1902/1912 - Premières lois sur la durée du travail des jeunes et des femmes, la retraite-vieillesse et l'indemnisation des accidents du travail (Espagne et Italie)

Arabie Saoudite, une femme peut être richement mariée mais elle n'a pas le droit de voter, d'être candidate à une élection.

En Inde, chaque année, vers la fin d'avril dans le Rajasthan, des dizaines de milliers d'enfants sont mariés d'autorité par leurs parents bien que la loi interdise ces pratiques. En 1985, dans cette région, il y a eu quarante mille unions en 48 heures. Certaines des petites filles sont dans leur berceau quand on leur passe le collier de mariage autour du cou. En 1972, après le conflit indo-pakistanais, les autorités ont découvert que la grande majorité des veuves de guerre avaient moins de quinze ans... Alors, pour ce qui concerne l'article 1, il faut entendre que, nous qui approuvons cette Déclaration, nous *voulons* que les individus soient libres, nous *voulons* qu'ils soient égaux dans une société de justice. Et que, doués de raison et de conscience, comme eux, nous voulons par esprit de fraternité que chacun ait droit à la liberté, à l'égalité.

Socialismes

> ... Charlot a toujours vu le prolétaire sous les traits du pauvre (...) Pour Charlot, le prolétaire est encore un homme qui a faim...
>
> ROLAND BARTHES, *Mythologies*.

En 1848, rédigé par Karl Marx avec l'aide de Friedrich Engels, a été publié le *Manifeste du parti communiste*. Dans le premier chapitre, il est dit que la « lutte des classes » est l'élément principal du développement des sociétés ; d'abord, maîtres et esclaves, puis seigneurs et serfs se sont opposés. À ces oppositions a succédé celle des capitalistes (propriétaires des moyens de production et d'échange) et des prolétaires (qui n'ont pour vivre que le produit de leur travail). D'après Marx et Engels, la victoire des prolétaires est inévitable.

Le programme des communistes est exposé : conquête du pouvoir politique ; abolition de la propriété privée des moyens de production ; abolition du salariat ; établissement de la propriété collective ; impôt progressif, abolition du droit d'héritage et du travail des enfants... Enfin, il est précisé que les communistes ont le devoir de soutenir « tout mouvement révolutionnaire contre l'ordre social et politique existant ».

Le *Manifeste du parti communiste* se termine par cette formule : « Prolétaires de tous les pays, unissez-vous ! »

Karl Marx meurt à Londres en 1883 après avoir développé ses thèses politiques définitives : le prolétariat doit renverser l'appareil d'État bourgeois par la violence, et exercer temporairement sa dictature jusqu'à ce que soit réalisée la société communiste sans classe.

Marx laisse à sa mort une œuvre dont vont s'inspirer successivement Lénine, Staline, Mao Zedong, et qui donnera naissance aux grandes révolutions ouvrières et paysannes du xxe siècle.

En ce siècle où est né René Cassin, des hommes s'interrogent sur les moyens d'en finir avec l'inégalité qui existe à la naissance et avec les injustices sociales. Parmi eux, des socialistes. Le socialisme, c'est le nom des diverses théories élaborées par ces penseurs.

Leurs différentes doctrines (économiques, sociales, politiques) ont en commun :

— la condamnation de la propriété privée des moyens de production et d'échange. Ceux-ci doivent être mis au service de la collectivité,

— l'indispensable égalisation des revenus,

— l'administration démocratique de l'économie,

— l'organisation d'une production qui devra satisfaire les besoins de chacun.

Les uns rêvent d'une société fraternelle ; d'autres créent des coopératives ; d'autres encore croient que quelques centaines de personnes bien déterminées renverseront l'État bourgeois.

Une autre théorie politique s'élabore à cette époque : l'anarchisme. Le socialisme et l'anarchisme se rencontrent dans une hostilité commune à l'égard de l'État ; tous deux en réclament la disparition. Mais, selon la doctrine marxiste, le dépérissement de l'État ne se fera pas du jour au lendemain ; le prolétariat doit, auparavant, prendre le pouvoir. L'anarchisme, en revanche, ne cherche pas la conquête de l'État : il rejette totalement le pouvoir qu'il estime étranger à la véritable nature de l'homme.

Pour Engels et Marx, le capitalisme qui concentre les richesses entre les mains de quelques possédants, est condamné à subir des crises de plus en plus graves et ne pourra résister à la pression des prolétaires bien organisés et rassemblés. Mais comme jamais les possédants ne se sont laissé faire, la révolution est inéluctable.

Tous ne partagent pas les opinions de Marx. En Angleterre, le programme du Parti travailliste n'est nullement révolutionnaire. Le Russe Bakounine a déjà dénoncé le danger d'un État tout-puissant. Les sociaux-démocrates allemands, en majorité, sont pour des réformes démocratiques. En France, si les socialistes ont conquis des sièges au parlement en 1893, des courants divers les animent.

« Le soi-disant État populaire (annoncé par Karl Marx) ne sera rien d'autre que la direction très despotique des masses populaires par une nouvelle et très nombreuse aristocratie de réels ou prétendus savants. Le peuple n'est pas savant, cela signifie qu'il sera tout à fait affranchi des soucis du gouvernement, il sera entièrement parqué dans l'étable des gouvernés. Bel affranchissement ! Les marxistes sentent cette contradiction et reconnaissent que le « gouvernement des savants » sera, malgré toutes ses formes démocratiques, la dictature la plus opprimante, la plus haïssable et la plus méprisable du monde, ils se consolent en disant qu'elle sera transitoire et de courte durée... »

Lettre de *Michel Bakounine à Karl Marx.*

Pour Engels et Marx, le capitalisme est condamné à subir
des crises de plus en plus graves.

Jaurès

28 juin 1914 : l'archiduc héritier d'Autriche, François-Ferdinand et sa femme sont assassinés à Sarajevo. Quelques semaines plus tard, l'Europe sera à feu et à sang. D'un côté la France, l'Angleterre, la Russie et leurs alliés. De l'autre, l'Allemagne, l'Autriche-Hongrie et leurs alliés. La guerre est l'ennemie des droits de l'homme. Pour l'empêcher, un homme se dresse, à la voix puissante, chaleureuse : Jean Jaurès.

Agrégé de philosophie, grand orateur, cet homme de culture possède une mémoire phénoménale.

En 1892, il soutient la grève des mineurs de Carmaux ; ceux-ci le choisissent comme candidat pour une élection législative partielle. Élu député, Jaurès siège parmi les « socialistes indépendants ».

Lois ouvrières, loi pour l'enseignement laïc, campagne passionnée en faveur de Dreyfus (v. page 97), lutte pour l'unité du mouvement socialiste, critique violente de la politique coloniale de la France qui possède un immense empire... Jaurès est de tous les combats.

Il fonde le journal *L'Humanité* en 1904, puis devient l'un des leaders principaux de la S.F.I.O. Il n'adhère pas totalement aux idées de Marx et en récuse certains éléments tels que la « dictature du prolétariat ». Son socialisme est libéral et démocratique.

La guerre menace. Jaurès déploie toute son énergie, multiplie les contacts avec les sociaux-démocrates allemands. Dans le cas d'un conflit, ne pourrait-on pas organiser une grève générale dans les usines d'armement, *internationaliser* le mouvement et paralyser les machines de part et d'autres des frontières ? Le droit à la grève ne peut-il pas servir la cause de la paix ?

Les 29 et 30 juillet 1914, le Bureau socialiste international se réunit à Bruxelles à la demande de Jaurès. Il est demandé aux partis socialistes d'organiser des actions contre la guerre. Revenu en toute hâte à Paris, Jaurès se

Le franquisme

En 1936, les partis républicains espagnols — socialistes, radicaux, communistes et anarchistes — s'unissent en un « Frente Popular », dans une Espagne devenue républicaine en avril 1931. Ils gagnent les élections législatives. L'opposition de droite — Église, propriétaires terriens, castes militaires... — reste très forte et attend son heure.

Elle prépare une insurrection qui se déclenche le 17 juillet 1936. Le général Franco en prend la tête et réussit à faire passer, du Maroc en Espagne, la Légion étrangère et les unités marocaines. En 2 mois, il renforce les contingents de son armée « nationaliste » et refoule les troupes républicaines jusqu'au nord de l'Espagne. Le pays est coupé en deux. C'est la longue Guerre civile. Son impact est international : l'Union soviétique fournit un soutien aux républicains ; la France de Léon Blum propose aux Britanniques, aux Italiens et aux Allemands, qui l'acceptent, l'engagement de ne pas s'entremettre dans l'affaire espagnole. Engagements non tenus : Mussolini et Hitler envoient aux franquistes chars, avions et pilotes. Malgré les

Mussolini est le *duce,* le chef.
Le peuple italien doit « croire, obéir, combattre ».

brigades internationales, constituées de volontaires qui viennent combattre aux côtés des républicains, la lutte est inégale. Les franquistes et leurs alliés utilisent les blindés contre les populations civiles, comme celle de Guernica bombardée par les Allemands de la légion Condor. Guernica inspira à Pablo Picasso une toile devenue célèbre. Finalement, Franco l'emportera en 1939 tandis que, par milliers, les républicains vaincus, craignant pour leur vie, se réfugient en France où on les interne dans des camps.

En août 1937, Franco qui s'est défini comme « l'épée de Dieu contre le mal et responsable du destin espagnol » se proclame *caudillo* (« guide », terme équivalent à Führer) et devient chef de l'État et du gouvernement en 1938.

Dans l'Espagne franquiste, dès les premiers jours, la terreur s'organise : ce sont les « movimientos » — initiative répressive du parti phalangiste, parti unique devenu omniprésent. Contrairement au nazisme, le franquisme ne cherche pas à séduire les masses populaires, mais à les écraser. Franco ne fonde pas son régime sur le racisme, mais sur la croyance religieuse. « En Espagne, on est catholique ou rien », proclame-t-il. Les mariages civils sont interdits. L'enseignement retombe sous le contrôle de la hiérarchie catholique qui est de tradition intégriste, la critique religieuse est un délit. L'Église traque les opposants et favorise la délation, le parti de la Phalange fait le reste.

Les syndicats deviennent « verticaux » : ils ne défendent pas les intérêts des salariés, ils sont une courroie de transmission entre le sommet, contrôlé par les Phalangistes, et les travailleurs.

Ce régime totalitaire se maintiendra longtemps (il se libéralisera très progressivement) dans une Europe démocratique, à l'exception du Portugal soumis à la dictature de Salazar et la Grèce des Colonels. Depuis 1975 (mort de Franco), 1974 (révolution des œillets du 25 avril et effondrement du régime des Colonels), l'Espagne, le Portugal et la Grèce sont redevenus des démocraties.

Le régime hitlérien

Père a reçu une convocation des S.S. (...)
J'étais épouvantée : une convocation, tout
le monde sait ce que ça signifie ; je vis surgir
dans mon imagination les camps de
concentration et les cellules solitaires...

8 juillet 1942. *Journal* d'Anne Franck

L'horreur paraît être un puits insondable. Pourtant, Adolf Hitler va précipiter des millions d'individus au plus profond du gouffre. Scientifiquement. Résolument. Chancelier en 1933, le chef du parti national-socialiste est devenu Führer (chef) de l'État allemand. Il va établir une dictature personnelle et totalitaire par étapes successives. Les droits de l'homme seront méprisés, bafoués, niés.

Fou, Hitler ? Adolf Hitler fut le mal absolu, s'adressant à des auditoires fascinés par son verbe. Mais il n'était pas seul. Une seule personne ne peut faire périr dans les camps de concentration 12 millions d'humains, parmi lesquels 6 millions de Juifs (dont un million et demi d'enfants) et 300 000 Tziganes — déclarés « êtres inférieurs ». Une seule personne ne peut faire fonctionner des usines de la mort où tous les moyens d'extermination sont utilisés : les chambres à gaz, le poison, l'eau et le feu, la faim, les coups, la torture. Jouant de ses accès de colère frénétique, de son « magnétisme », il sut entraîner les foules, exercer un pouvoir sur les masses et sur les individus. Il eut d'innombrables complices : des exécutants macabres. Les grands industriels allemands, qui craignaient l'opposition communiste, favorisèrent son accession au pouvoir.

Des hommes ont porté le brassard à croix gammée, fait le salut hitlérien, levé le drapeau à tête de mort. Des multitudes ont acclamé le Führer. 90 % des Allemands le plébiscitèrent pour qu'il fût à la fois président et chancelier du Reich. 99,73 % des Autrichiens se prononcèrent, le 10 avril 1938, pour le rattachement de leur pays à l'Allemagne. En France le gouvernement du maréchal Pétain (voir p. 65) a été un des partenaires les plus dociles de l'hitlérisme. C'est sa collaboration avec ce régime qui mena à la promulgation de la loi anti-juive, et à la rafle du Vél d'Hiv : opération visant à l'arrestation de 22 000 Juifs.

Parmi les pays européens occupés, le Danemark bénéficia d'une situation particulière. Pendant longtemps, les Allemands hésitèrent à déporter les Juifs de ce pays pacifique, pensant que les réactions seraient vives et les difficultés considérables. En septembre 1943, à la suite de troubles intérieurs, l'état d'exception est proclamé au Danemark. Profitant de l'état de siège, les Allemands organisent de grandes rafles à travers tout le pays. Mais cette « solution finale » danoise fut presque complètement déjouée. Alertés à temps, les 7 500 Juifs du pays se cachèrent et se dispersèrent. La grande majorité passa clandestinement en Suède. « Seuls » 500 Juifs furent pris, puis déportés à Theresienstadt. La solidarité danoise fut remarquable et efficace. Jamais le port de l'étoile jaune ne put être introduit dans ce pays. Le roi Christian avait menacé les Allemands d'être le premier citoyen à la porter...

Le bréviaire hitlérien :

Les camps de concentration

Le nazisme est une doctrine totalitaire. Il ne peut être contesté. De 1933 à 1939, des camps sont créés pour les opposants (et les suspects) : communistes, socialistes, démocrates... À partir de 1937, les camps sont dirigés par les S.S. Celui de Ravensbrück est destiné aux femmes. Dès 1939, d'autres camps s'ouvrent : Treblinka... Bergen-Belsen... Auschwitz... Des gens de différentes nationalités y sont parqués, et vont travailler pour l'industrie allemande.

À dater de 1942, les camps de concentration deviennent des camps de la mort. On extermine les déportés par le travail forcé ; les Juifs et les Tziganes sont, eux, systématiquement exterminés dès leur arrivée au camp, ou très peu de temps après.

La Jeunesse hitlérienne

Selon les principes de Hitler, les Allemands doivent être « éduqués » et pris en main dès l'enfance. Fin 1938, la *Jeunesse hitlérienne* compte près de 8 millions de membres. 4 millions de jeunes s'étant dérobés, le recrutement de tous est institué.

Entre six et dix ans, c'est la période d'apprentissage. À dix ans, l'enfant prête serment : « En présence de cet étendard de sang représentant notre Führer, je jure de consacrer toute mon énergie et toute ma force au sauveur de notre pays, Adolf Hitler. Je suis prêt à donner ma vie

---

Mein Kampf *(Mon combat). Ouvrage dicté par Hitler en captivité (1924). Idées exprimées : la race supérieure est la race blanche ; au sein de celle-ci, le noyau aryen (hommes blonds, grands, dont la longueur du crâne l'emporte sur la largeur). La race juive corrompt l'humanité. Supérieur aux autres, l'homme allemand deviendra maître sur terre, par la guerre. Adversaires : la France et la Russie. Celle-ci, peuplée de Slaves considérés par les Allemands comme des sous-hommes, est livrée aux Juifs et aux bolchéviques. L'Allemagne devra conquérir leurs terres. Un nouvel État doit être créé, fondé sur l'inégalité des races. La pureté de la race supérieure doit être préservée, par le mariage et la maternité. La démocratie est rejetée, le pouvoir est exercé par les meilleurs de la race supérieure, le pouvoir suprême est exercé par le Führer qui jouit d'une autorité dictatoriale, illimitée sur ses sujets.*
Diffusé en 1933 en Allemagne et à l'étranger, le programme de Hitler est exposé dans Mein Kampf. *Aucun responsable ne prendra ces écrits au sérieux... Pourtant, l'État allemand s'efforcera de les appliquer de 1933 à 1945.*

---

pour lui, et m'en remets à Dieu. » Les fillettes et les jeunes filles sont, elles aussi, « éduquées » idéologiquement... La Jeunesse hitlérienne a « formé » des millions d'êtres, et leur a enseigné l'esprit nazi.

L'eugénisme

En 1939, Hitler décide de supprimer les malades mentaux, les handicapés et les incurables... dont « la santé mentale et physique est un danger pour la pureté de la race aryenne ». 70 000 personnes sont gazées entre 1940 et 1941.

Suspendu pour un temps, l'*eugénisme* sera repris à plus grande échelle dans les camps.

Le N.S.D.A.P.

Sigle du parti national-socialiste (ou nazi) des travailleurs allemands, outil du totalitarisme hitlérien, parti unique après la dissolution des partis en 1933. Membres : 4 millions en 1933 ; 8 millions en 1939 ; 11 millions en 1945.

La Gestapo

Outil majeur dans le système de répression nazi. Elle fit régner la terreur en Allemagne et dans les pays occupés. Elle disposait de moyens illimités (torture, exécutions sommaires, camps). Elle lutta avec acharnement et férocité contre les mouvements de résistance d'Europe, traquant les Juifs, les communistes et tous les ennemis du nazisme.

La Jeunesse hitlérienne
a « formé » des millions d'êtres
et leur a enseigné
l'esprit nazi.

Les S.S. (sigle des mots allemands **Schutz Staffel**)

Formation de police militarisée nazie, et « élite » du mouvement. Les S.S. furent chargés, à partir de 1939, aux côtés de la Gestapo, de la surveillance des territoires occupés et de la « gestion » des camps de concentration. Les S.S. furent responsables de l'extermination systématique des Juifs dans les camps spéciaux, mettant à exécution le racisme hitlérien.

Les lois de Nuremberg

Lois antisémites de 1935, destinées à séparer « biologiquement » les Juifs de la nation allemande pour la « protection du sang allemand » et de l'« honneur allemand ». La citoyenneté allemande leur est enlevée, ainsi que tous leurs droits civiques. Les mariages entre Juifs et Allemands sont interdits, et les mariages déjà contractés sont dissous...

« Nuit et brouillard » (Nacht und Nebel)

Nom d'un décret pris par Hitler le 7 décembre 1941. Il y est stipulé que toute personne ayant commis des crimes contre le Reich ou ses troupes sera exécutée sommairement, ou déportée. La victime disparaîtra. Pas de trace. Aucune information sur son sort.

La barbarie n'est, hélas, pas morte avec Hitler. Comme nous l'apprend Amnesty International dans son rapport de février 1984, Paraguay : en état de siège depuis trente ans : *Au Paraguay, toute une série de violations de droits de l'homme sont commises. Victimes : dirigeants et militants politiques, avocats, médecins, mères de famille, employés, ouvriers, étudiants... Arrestations arbitraires, torture, « disparitions »...*
Beaucoup de ces violations sont le résultat de l'application des pouvoirs prévus au titre de l'état de siège, qui, depuis près de trente ans, est systématiquement renouvelé par décret tous les 90 jours par le gouvernement du président Stroessner (dictateur au pouvoir depuis 1954).

---

ou la décision d'exterminer tous les Juifs d'Europe. En septembre 1941, ceux-ci doivent obligatoirement porter l'étoile jaune. En octobre, commence la déportation massive dans les camps. 6 millions de Juifs y périront, asphyxiés par le cyclon B dans les chambres à gaz ; leurs cadavres seront brûlés dans les fours crématoires, ou recouverts de chaux vive dans les fosses communes. 300 000 Tziganes, 3 millions de Soviétiques, et beaucoup d'autres encore subiront le même sort. Cette extermination fut un génocide.

Le génocide : c'est un crime commis dans l'intention de détruire un groupe humain, national, ethnique, racial ou religieux. C'est ainsi qu'au nom de la supériorité d'une prétendue « race nordique », l'Allemagne nazie entreprit l'extermination des Juifs et des Tziganes. Lors du procès de Nuremberg, procès intenté — devant un tribunal militaire international — à vingt-quatre membres du parti nazi et à huit organisations accusées de crimes de guerre, douze accusés furent condamnés à la pendaison, sept à la prison. Le verdict permit à l'O.N.U. de définir le crime de génocide.

L'article IV de la Convention pour la prévention et la répression du crime de génocide stipule que : « les personnes ayant commis le génocide ou l'un quelconque des autres actes énumérés à l'article III seront punies, qu'elles soient des gouvernants, des fonctionnaires ou des particuliers ».

Le régime de Vichy

En 1940, après le désastre militaire des Français, l'armistice est signé le 22 juin avec l'Allemagne à Rethondes. La France est divisée en une zone occupée (nord, ouest, sud-ouest) et une zone libre administrée par le gouvernement du maréchal Pétain. Le maréchal Pétain (qui rencontrera Hitler à Montoire le 24 octobre 1940) se fait accorder tous les pouvoirs par les Assemblées, après avoir installé le gouvernement à Vichy le 1er juillet, et, devenu chef de l'État français, met en place un régime personnel et autoritaire.

Il lance une série de réformes (« Révolution nationale ») avec pour but de « redresser moralement et intellectuellement » la France. « Travail, Famille, Patrie » — La famille est glorifiée comme cellule de base de la société ; le monde du travail est organisé sur une base corporatiste afin de faire cesser la lutte des classes, la jeunesse est encadrée par des organisations.

Les libertés sont suspendues, les média ont pour consigne de « penser Pétain », les administrations sont épurées, l'enseignement est remodelé, le suffrage universel est aboli. Communistes et socialistes sont pourchassés.

Le 3 octobre 1940, les « Juifs de nationalité française » sont soumis à un statut (exclus de l'armée, de la fonction publique ; on limite à 3 % leur nombre dans l'université et à 2 % pour les professions libérales...)

Les autorités de Vichy livrèrent les « étrangers de race juive » à l'arbitraire des policiers, donnant aux préfets le pouvoir de les transférer dans des camps spéciaux. Et ce seront les autorités de Vichy qui donneront le feu vert aux nazis pour que les Juifs soient déportés, en insistant pour que les enfants juifs de moins de seize ans soient emmenés, eux aussi, vers les camps de la mort.

À Paris, les 16 et 17 juillet 1942, eut lieu la rafle du Vél d'Hiv'. 4 500 policiers français furent mobilisés pour une opération visant à l'arrestation de 22 000 Juifs. Au cours d'une réunion avec la Gestapo (police politique du Reich hitlérien), les responsables de la police française demanderont que les enfants de deux à quinze ans soient également déportés...

En Russie : Lénine et la révolution bolchevique

En 1917, la Russie est en guerre, contre l'Allemagne, aux côtés des Alliés — France, Grande-Bretagne —, quand en février, le régime tsariste s'effondre sous la pression d'une population qui honnit ce régime et réclame du pain et la paix. Un gouvernement provisoire est mis en place.

Lénine, théoricien marxiste, militant révolutionnaire, a analysé dans ses ouvrages l'extension mondiale du capitalisme et la dictature du prolétariat ; celle-ci, d'après lui, est une notion clé pour le succès de la révolution. Il s'agit de substituer à l'État bourgeois « un État démocratique d'une manière nouvelle (pour les prolétaires et les non possédants) et dictatoriale d'une manière nouvelle (contre la bourgeoisie) ». Rentré d'exil, il oriente l'action du parti bolchevik dont les dirigeants, après de longues discussions, se rallient à la décision de prendre le pouvoir par la force. La révolution d'Octobre éclate et porte au pouvoir les bolcheviks.

Devenu président du Conseil des commissaires du peuple à la suite de cette révolution, Lénine va exercer une grande influence et inspirer les décisions du nouveau pouvoir ; c'est ainsi que les décrets suivants seront promulgués :

● Décret sur la paix (le traité de Brest-Litovsk sera signé avec le bloc allemand le 3 mars 1918 ; la Russie, qui s'est retirée du conflit en 1917, abandonne la Finlande, la Pologne, la Biélorussie occidentale, et surtout l'Ukraine qui fait sécession...).

● Décret sur la terre (abolition sans délai ni indemnité de la grande propriété foncière), sur les entreprises industrielles (le contrôle des usines est confié à des comités de travailleurs).

● Décret sur les nationalités (égalité et souveraineté des peuples de Russie, droit de disposer librement de leur sort).

● La Tchéka (police politique) et l'Armée rouge seront créées.

- La séparation de l'Église et de l'État, l'émancipation politique des femmes et la dictature du prolétariat seront mises en place.

En fait, c'est une implacable dictature du parti bolchevik à la tête duquel est Lénine. (L'Assemblée constituante élue fin novembre 1917 ne comprend que 25 % de députés bolcheviks ; Lénine déclare alors que les élections ne reflètent pas la situation réelle du pays ; qualifiée d'organe « au service de la contre-révolution bourgeoise... pour abattre le pouvoir des Soviets », l'Assemblée est dispersée par la Garde rouge lors de sa première et unique séance.) Une Constitution est votée. La IIIe Internationale communiste (Komintern) est créée.

De 1918 à 1921, Lénine doit faire face à la contre-révolution soutenue par l'étranger. À la fin de la terrible guerre civile qui aura fait 8 millions de morts, les productions agricole et industrielle se sont dramatiquement réduites.

La Russie de 1921 est épuisée par les combats, la colère gronde, les paysans se révoltent, des ouvriers manifestent, les marins de Kronstadt se mutinent.

Devant cette situation, Lénine s'est alarmé, a instauré une nouvelle politique économique (N.E.P.). Pendant quelque temps, le pays va respirer, revivre. Des lois rétablissent le commerce intérieur, encouragent l'industrie, laissent aux paysans le choix entre l'exploitation individuelle et communautaire ; la hiérarchie des salaires est reconnue, l'égalité des sexes instaurée. La législation sur l'avortement est adoptée, les congés payés de maternité sont accordés...

En 1922-1924, la Russie devient l'U.R.S.S. (Union des Républiques Socialistes Soviétiques) — État associant plusieurs républiques. L'égalité de leurs droits est proclamée, chacune a un gouvernement et élit un gouvernement central. En réalité, le pouvoir appartient au parti communiste — parti unique. Frappé de congestion cérébrale en 1921, Lénine, à partir de 1922, renonce peu à peu à toute activité politique. Il meurt en 1924.

La terreur stalinienne

> Le camarade Staline, devenu Secrétaire général, a concentré entre ses mains un pouvoir illimité, et je ne suis pas sûr qu'il puisse toujours s'en servir avec assez de circonspection (...) Staline est trop brutal (...) Je propose donc aux camarades d'étudier un moyen pour démettre Staline de ce poste (...)
>
> LÉNINE, 1922-1923.

En décembre 1929, Staline fête ses 50 ans. Il est devenu le maître absolu de l'U.R.S.S., écartant tous ses rivaux. Dix ans plus tard, quand la guerre embrase l'Europe, l'Union soviétique est une grande puissance (la première du globe à se réclamer du socialisme). À quel prix ?

Joseph Djougatchvili a gagné son surnom de Staline — l'homme d'acier — du temps où, révolutionnaire marxiste, il a été plusieurs fois arrêté, emprisonné, déporté en Sibérie, sous le règne du tsar Nicolas II — dit « le sanglant ».

De 1928 à 1933, Parti et population sont mobilisés pour appliquer le premier plan quinquennal qui accorde la priorité à l'industrie lourde. Barrages, usines et villes surgissent. Dès 1930, la collectivisation des campagnes se généralise ; avec brutalité. Économiquement, ce n'est guère un succès. Humainement, le bilan est tragique : la « liquidation des koulaks en tant que classe » et la campagne antireligieuse ont fait entre 6 et 8 millions de victimes. Ce n'est rien à côté de la répression qui va suivre.

(...) **Le phénomène stalinien** proprement dit, goulag et le reste, serait responsable de 17,5 millions de morts (...) ces chiffres (...) paraissent être les plus sérieusement étudiés parmi tous ceux qui ont été proposés et publiés (...).

(*Emmanuel LE ROY LADURIE* - Le Monde, *2 mai 1979.*)

Staline désigne les hommes à abattre, les conspirations à écraser, le N.K.V.D. (qui a succédé à la Tchéka) coordonne la terreur, des polices spéciales exécutent les ordres. Qui n'aurait peur? Enquêtes, arrestations, interrogatoires, déportations en masses. De grands procès sont mis en scène, où les compagnons de Lénine sont condamnés publiquement. Des accusés avouent qu'ils ont trahi le Parti, font leur autocritique. Puisque le Parti est infaillible,

Staline, impitoyable, s'est maintenu au pouvoir...

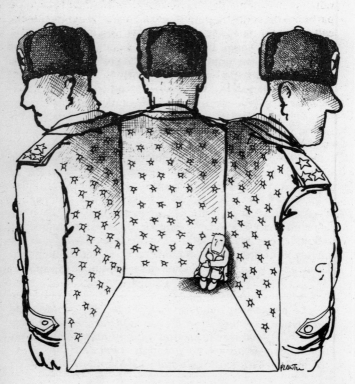

c'est donc qu'ils se sont trompés. Vychinski — futur délégué de l'U.R.S.S. à l'O.N.U. — est le procureur général. La terreur ne touche pas que le sommet du Parti. Elle atteint les cadres et tous les éléments soupçonnés d'activités contre-révolutionnaires. Pour la seule période 1937-1938, on compte 6 millions d'arrestations. Les camps de travail forcé se peuplent (Grand Nord et Sibérie).

Après la Seconde Guerre mondiale (l'U.R.S.S. est dans le camp des vainqueurs), le totalitarisme stalinien réapparaît : persécutions des minorités, déportations totales ou partielles de peuples, purges, mise au pas des intellectuels, culte de la personnalité (celle de Staline) démesuré. Staline, impitoyable, s'est maintenu au pouvoir, jouant des rivalités entre hommes et institutions, calculateur, patient, utilisant la terreur à des fins despotiques. Staline est mort en 1953, dans son lit. Les goulags (camps de travail forcé) existent toujours.

VII

La guerre et la création des Nations Unies

> Paix : l'intervalle entre deux guerres.
> Jean GIRAUDOUX.

1918-1948. Trente années séparent la fin de la Première Guerre mondiale (au cours de laquelle fut blessé René Cassin) du jour de la proclamation de la Déclaration universelle.

Que s'est-il passé ? Bien avant 1914 est née l'idée que les rapports entre États devraient être réglés pacifiquement, au sein d'une organisation internationale. Le conflit n'a fait que confirmer cette nécessité. En 1920, la Société des Nations voit le jour. Son siège est à Genève. Bien que le président Wilson ait été l'instigateur de l'organisation, les États-Unis n'en feront pas partie.

Entre les deux guerres mondiales, d'importants changements se produisent. Après la révolution d'Octobre 1917, la Russie est devenue « soviétique » en 1918, et, sous la conduite de Lénine — bientôt remplacé par Staline — un régime inspiré du marxisme a été fondé. Tandis que l'on conquiert de nouveaux droits sociaux, économiques dans certains pays (en France, congés payés, semaine de 40 heures en 1936), le fascisme et le nazisme s'installent en Italie et en Allemagne, l'Espagne va connaître la guerre civile.

Face à la montée de ces périls, la S.D.N. est impuissante. En 1939, la Seconde Guerre mondiale commence. Jamais, depuis qu'un homme osa lever la main sur un autre, jamais le monde ne connut tant de barbarie...

La Société des Nations (S.D.N.)

Créée en 1920, la Société des Nations (S.D.N.) a pour but de garantir la paix du monde en unissant les forts et les faibles pour que tous soient protégés.

L'article 10 précise que : « Les membres de la Société s'engagent à respecter et à maintenir contre toute agression extérieure l'intégrité territoriale et l'indépendance politique de tous les membres. »

L'article 16 prévoit des sanctions contre tout État qui aura recours à la guerre en violation des engagements inscrits dans le Pacte.

La S.D.N. ne répondra pas aux espoirs placés en elle. Comment pourrait-elle se faire respecter des États quand, en son sein même, l'ordre est troublé... Un jour de 1933, Joseph Gœbbels, ministre de l'Information et de la Propagande de Hitler, se lève (il était entré dans la salle accompagné de vingt hommes armés) :

« Nous sommes un État souverain ; tout ce qu'a dit cet individu ne vous regarde pas. Nous faisons ce que nous voulons de nos socialistes, de nos pacifistes, de nos Juifs, et nous n'avons à subir de contrôle ni de l'humanité, ni de la S.D.N. »

L'individu en question n'était autre qu'un homme appelé à comparaître devant le Conseil de la S.D.N. pour avoir porté plainte contre les pratiques odieuses et barbares des hitlériens en Haute-Silésie. Il expliquait comment les nazis se conduisaient à l'égard des Juifs, incendiant les boutiques et les maisons, violant les femmes, massacrant les hommes, maltraitant les enfants...

C'est René Cassin, délégué de la France à la S.D.N., qui a rapporté cette scène.

Le temps des barbares

Entre 1939 et 1945, le conflit qui a opposé les pays de l'*Axe* (Allemagne, Italie, Japon) et les *Alliés* (France, Grande-Bretagne, U.R.S.S., États-Unis, Chine) a mobilisé quelque 92 millions de personnes. Il a fait 40 millions de morts, dont 12 millions de déportés en Allemagne. Avec 20 millions de morts, c'est l'U.R.S.S. qui a payé le plus lourd tribut à la guerre.

Dans la tourmente, par le poids des bombes, du fait des atrocités commises, ce fut comme si l'arbre des libertés n'avait jamais existé. Et si le fascisme italien, l'hitlérisme et le Japon furent vaincus, ce fut à un prix terrible.

Des mots de paix : la Charte des Nations Unies

La Société des Nations (S.D.N.) voulait garantir la paix dans le monde. Elle a échoué. Le 9 décembre 1942, alors que la guerre fait rage, un groupe d'étude d'une future organisation internationale est créé à l'initiative du Premier Ministre anglais Winston Churchill et du Président américain Roosevelt.

L'Organisation des Nations Unies a officiellement vu le jour le 24 octobre 1945. Mais la charte, où sont exposés les buts qu'entend poursuivre la nouvelle organisation, a été signée le 26 juin 1945, à San Francisco. Auparavant, cinquante et un délégués de pays en guerre contre l'Axe (Allemagne, Italie et leurs alliés : Japon, Hongrie, Roumanie, Bulgarie) s'étaient réunis pour la rédiger.

Les buts et principes sont nombreux : avant tout, maintenir la paix et la sécurité internationale, assurer le respect des peuples à disposer d'eux-mêmes, éviter les tensions susceptibles de mener à la guerre en favorisant la coopération entre pays. La charte énonce aussi le principe de ne faire aucune distinction entre les hommes selon les races, les langues et les religions. C'est dans cette perspective que l'O.N.U. rédigera et adoptera, en 1948, la Déclaration Universelle des droits de l'homme.

L'Organisation des Nations Unies est fondée sur l'égalité souveraine de tous ses membres qui doivent remplir les obligations contractées aux termes de la Charte et régler pacifiquement leurs différends. Les États n'auront pas recours à la menace ou à l'emploi de la force ; ils doivent assister l'Organisation dans ses actions. Aucune disposition de la Charte n'autorise l'Organisation des Nations Unies à intervenir dans les affaires qui relèvent essentiellement de la compétence d'un État.

Bien que dotée de pouvoirs plus étendus que la S.D.N., l'O.N.U. sera souvent paralysée par le droit de veto des membres du Conseil de sécurité et son action sera inefficace quand elle se heurtera à l'opposition d'une grande puissance.

Hiroshima, l'apocalypse

> Il faut vingt ans pour mener l'homme à l'état de plante où il est dans le ventre de sa mère, et de l'état de pur animal, qui est le partage de sa première enfance, jusqu'à celui où la maturité de la raison commence à poindre. Il a fallu trente siècles pour connaître un peu sa structure. Il faudrait l'éternité pour connaître quelque chose de son âme. Il ne faut qu'un instant pour le tuer.
> VOLTAIRE, *Dictionnaire philosophique ;*
> *article homme*, 1764.

Août 1945 : le Japon est en train de perdre la guerre, les Allemands nazis viennent de capituler, l'armada des alliés, essentiellement américaine, libère les territoires et îles que les Japonais ont envahis en Asie.

Dès 1939, Albert Einstein, avait prévenu le Président Roosevelt que la découverte de la fission nucléaire pouvait être appliquée à la construction d'une arme nucléaire. Redoutable découverte. Si jamais Hitler se dote le premier de l'arme atomique, c'en est fini... Sur l'ordre de Roosevelt, les expériences commencent ; le 16 juillet 1945, une bombe expérimentale explose avec succès dans le désert du Nouveau-Mexique.

Le 6 août 1945. 8 h 15 : la superforteresse B-29 vole à 10 000 m d'altitude. Les portes de la soute du bombardier s'ouvrent. Une bombe de 4,5 tonnes, appelée « Petit Garçon » dégringole, le nez pointé sur Hiroshima — port japonais. Soudain, une lumière naît, aveuglante, suivie d'une onde de chaleur brûlante, de 3 000 °C à la périphérie de la boule de feu. La vague se propage très vite en se refroidissant progressivement. À 1 km, elle est de 500 °C. L'onde de choc porte la pression atmosphérique à 8 tonnes au mètre carré, entraînant un vent de 800 km/h ; une fois l'explosion passée, tout est aspiré vers le point central, et un gigantesque champignon se forme, radioactif, après qu'une colonne de fumée s'est élevée, d'un rouge aveuglant en son milieu.

« Mon Dieu ! qu'avons-nous fait ? » note le copilote, sur son rapport de mission.

À 8 h 15, Hiroshima comptait 320 000 habitants. Quelques instants plus tard, la ville est quasiment détruite. 78 000 morts — asphyxiés, brûlés, écrasés — 50 000 blessés, 14 000 disparus. Le vent violent et la chaleur ont été mortels. Ce n'est pas tout. Les effets de l'onde radioactive vont se prolonger, provoquer des infections généralisées, de fréquentes leucémies. Des gens mourront des années et des années après l'explosion et de nombreux enfants anormaux, descendants des survivants, naîtront...

9 août 1945. Une deuxième bombe est larguée sur Nagasaki, au Japon. Même lumière. Mêmes phénomènes. 80 000 morts.

15 août 1945. L'empereur du Japon Hiro-Hito ordonne l'arrêt des combats avec les Américains et capitule le 2 septembre. Aujourd'hui, les « Hibakusnas » (victimes des bombardements atomiques) sont estimés à environ 370 000. Quarante ans après, on prodigue des soins régu-

Un traité international (convention ou pacte) n'entre en vigueur qu'après *ratification* (confirmation d'un engagement international) d'un certain nombre d'États. Pour ces pactes, il fallait que 35 pays les ratifient. Ce nombre fut seulement atteint en 1976.

Ces pactes sont :

— le Pacte international relatif aux *droits économiques, sociaux et culturels ;*

— le Pacte international relatif aux *droits civils et politiques,* et son protocole facultatif.

Dans un troisième temps : tout de suite après sa fondation, l'O.N.U. a reçu annuellement des milliers de lettres concernant des violations de droits de l'homme. Ce n'est que le 27 mai 1970 que la Commission des droits de l'homme a été autorisée à prendre ces plaintes en considération quand elles « semblent révéler l'existence d'un ensemble de violations flagrantes et systématiques des droits de l'homme ».

La Déclaration universelle des droits de l'homme

Elle est le document central pour la cause des droits de l'homme. Des principes y sont exposés, qu'on appelle à promouvoir, à respecter et à protéger. (Voir chapitre II).

Cet appel concerne « tous les individus et tous les organes de la société ». La Déclaration n'est pas contraignante. Cependant, lors de la conférence internationale des droits de l'homme tenue à Téhéran en 1968, un accord s'est réalisé ; il a été proclamé que : « La Déclaration universelle exprime la conception commune qu'ont les peuples du monde entier des droits inaliénables et inviolables inhérents à tous les membres de la famille humaine, et constitue une obligation pour les membres de la Communauté internationale. »

Les Pactes internationaux

Ils sont contraignants. Les pays les ayant ratifiés doivent les observer. Mais un État peut appartenir à l'O.N.U. sans ratifier les pactes. Au 31 décembre 1985, sur 159 pays ayant adhéré à l'O.N.U., 85 avaient ratifié le Pacte international relatif aux droits économiques, sociaux et culturels, 83 avaient ratifié le Pacte international relatif aux droits civils et politiques, et 36 son protocole facultatif.

● Le Pacte international relatif aux droits économiques, sociaux et culturels, reprend les droits énoncés dans la Déclaration universelle tels que : le droit à un niveau de vie et d'instruction suffisant, le droit de travailler, de percevoir une rémunération juste et suffisante, de jouir de périodes de repos et de loisir, de fonder des syndicats et d'y adhérer.

● Le Pacte international relatif aux droits civils et politiques (ainsi que le protocole facultatif) reprend les droits énoncés dans la Déclaration universelle tels que : le droit à la vie, à la liberté, à la sécurité personnelle, à l'égalité devant la loi sans discrimination, le droit à des procès équitables et publics ; celui d'être présumé innocent tant que sa culpabilité n'est pas prouvée ; le droit à la liberté de circulation, à la liberté de pensée, de conscience, de religion, à la liberté d'opinion et d'expression et à la liberté d'association. Ce Pacte international précise aussi : que nul ne sera arrêté, détenu ou exilé arbitrairement,

---

Les deux premiers articles du Pacte International relatif aux droits civils et politiques sont d'une importance extrême. Ils garantissent que :
Article premier. — *Tous les peuples ont le droit de disposer d'eux-mêmes...*
Article 2. — *... tous les peuples peuvent disposer librement de leurs richesses et de leurs ressources naturelles...*

---

celui de faire des recommandations en vue d'assurer le respect des droits et des libertés.

La *Commission des droits de l'homme* dépend du Conseil économique et social. Elle reçoit les plaintes que les victimes des violations des droits de l'homme lui adressent chaque année.

Elle est autorisée à se livrer à une étude approfondie quand elle est en possession d'informations qui révèlent l'existence de violations flagrantes de droits de l'homme. L'information peut être fournie par des individus ou par des O.N.G. (Organisations Non Gouvernementales). Ces informations sont d'abord examinées par une sous-commission.

Au cours des dernières années, la Commission a pris l'habitude de publier les noms des pays au sujet desquels ont été prises des décisions. Même si le contenu de la décision n'est pas révélé, nul gouvernement n'est satisfait

---

Le Comité des droits de l'homme comprend dix-huit membres de haute moralité et possédant une compétence reconnue dans le domaine des droits de l'homme. Il surveille la mise en œuvre du Pacte international relatif aux droits civils et politiques.

● Chaque État, après ratification du Pacte, est tenu de présenter un rapport au Comité, chaque fois que celui-ci le demande. Ces rapports doivent exposer les mesures prises pour que soient respectées les dispositions du Pacte, et décrire les progrès réalisés dans les jouissances des droits civils et politiques.

● Le Comité peut examiner les observations d'un État portant sur le non-respect du Pacte par un autre État.

● Le Comité peut recevoir les plaintes de particuliers qui s'estiment victimes d'une violation de l'un des droits énoncés dans le Pacte, ou de personnes agissant au nom d'une victime.

---

d'avoir à se justifier devant un auditoire international, même si cela se passe à huis clos. En plus, le risque demeure que le dossier soit rendu public à la suite d'une fuite. La Commission a déjà demandé au Secrétaire de faire des recommandations aux gouvernements concernés.

La *sous-commission de la lutte contre les mesures discriminatoires et de la protection des minorités* est composée de vingt-six experts en droits de l'homme. Ils sont indépendants et ne représentent en aucun cas leur gouvernement. Le mandat de cette sous-commission, qui transmet les informations à la Commission des droits de l'homme, a évolué. Actuellement, elle s'occupe des droits de l'homme en général. Son nom va changer.

Le *Comité pour la prévention du crime et de la lutte contre la délinquance* prépare un congrès tous les cinq ans. Ainsi, par exemple, en 1975, a été adoptée la Déclaration sur la protection de toutes les personnes contre la torture et d'autres peines ou traitements cruels, inhumains, ou dégradants.

La *Cour internationale de justice* est la principale instance judiciaire de l'O.N.U. Elle siège à La Haye, aux Pays-Bas. Tous les États membres lui sont liés. Ses quinze magistrats élus par l'Assemblée générale et le Conseil de sécurité ont une compétence qui s'étend à toutes les questions qui lui sont soumises par les États membres dans le cadre de la Charte ou des traités.

Quelques organisations de l'O.N.U. sont spécialisées dans l'étude et la résolution des problèmes concernant des domaines bien spécifiques :

— La *F.A.O.* : Organisation pour l'Alimentation et l'Agriculture (en anglais : Food and Agriculture Organization).

— L'*O.M.S.* : Organisation Mondiale de la Santé.

— L'*UNICEF* : Fonds des Nations Unies pour l'enfance (en anglais : United Nations Childrens' Found).

— L'*O.I.T.* : Organisation Internationale du Travail, à l'origine de plusieurs conventions internationales. Elle a pour but d'élever le niveau des conditions de travail et de vie dans le monde par la réglementation des horaires de travail, la prévention du chômage, la protection de la santé des travailleurs et de la liberté syndicale, le respect du droit syndical…

— L'*UNESCO* : Organisation des Nations Unies pour l'Éducation, la Science et la Culture (United Nations Educational, Scientific and Cultural Organization). Elle a été créée dans le but de promouvoir le développement dans le domaine de l'éducation, de la science et de la culture, et des droits de l'homme qui s'y rattachent. Sa mission consiste surtout à diffuser la connaissance de tous les droits de l'homme énoncés dans la Déclaration et autres textes internationaux, ainsi qu'à promouvoir et défendre le droit à l'information, à la liberté d'opinion et d'expression, et celui de la liberté de pensée, de conscience, de religion ; l'Unesco doit garantir aussi la liberté de réunion et d'association.

— Le *Haut Commissariat aux réfugiés* (H.C.R.). Depuis sa création en 1951, vingt-six millions de réfugiés ont cessé de l'être, grâce à l'action du H.C.R. En 1985, dix millions de réfugiés dans le monde ont fui leur pays, pour cause de guerre, de famine, d'invasion, ou pour des raisons politiques, ou encore parce que leur territoire était occupé.

Au lendemain de la Seconde Guerre mondiale, trente millions d'enfants sont sans vêtements, abandonnés, malades, mourants… C'est pour leur venir en aide que fut créée l'UNICEF (appelée alors Fonds international de secours à l'enfance). Aujourd'hui, l'UNICEF est destinée à secourir mères et enfants dans les pays « en voie de développement », soit par des aides d'urgence soit par coopération avec les gouvernements.
En 1965, l'UNICEF a reçu le prix Nobel de la Paix.

Des mots à la réalité

Il ne faut pas prêter à l'O.N.U. des pouvoirs qu'elle n'a pas, des compétences qui ne sont pas les siennes. Ce n'est pas un gouvernement mondial, c'est une association d'États qui gardent leur souveraineté.

De beaux discours sont prononcés, qui ont pour thèmes la paix, les droits, la vie, l'égalité, la liberté... Si les États membres accordaient leurs actes à leurs paroles, si tous appliquaient les textes, respectaient la Déclaration, les Pactes et autres Conventions, le monde serait transformé.

Ce n'est pas le cas ; l'O.N.U. a connu bien des échecs et a remporté peu de succès. Combien de résolutions sont

---

L'édifice des droits de l'homme selon René Cassin

Fondations	Préambule Proclamation de la Déclaration	Des actes barbares ont été commis, qui révoltent la conscience humaine. Il est essentiel que les droits de l'homme, les libertés, la paix soient universellement protégés.
	Article 1	Liberté, égalité, raison, conscience, fraternité.
Piliers	Art. 2 à 11	Droits de la personne (vie, liberté, sûreté, justice).
	Art. 12 à 17	Rapports entre les personnes (circulation, famille, asile, nationalité, propriété...).
	Art. 18 à 21	Libertés publiques, droits politiques (liberté de pensée, religion, conscience, opinion, réunion, participation aux affaires publiques, démocratie...).
	Art. 22 à 27	Droits économiques, sociaux, culturels (sécurité sociale, travail, salaire égal, protection, syndicat, repos, loisirs, niveau de vie, éducation, vie culturelle...).
Dôme	Art. 28 à 30	Ordre sur le plan social et international pour que les libertés soient respectées, ainsi que les droits ; devoirs envers la communauté. Démocratie.

---

restées sans effets, combien de mensonges ont été proférés dans l'immeuble de verre...

Mais, au moins, une Déclaration existe, ainsi que des Pactes, des Conventions. À New York se côtoient les délégués d'États dont certains, à cause de leurs faibles moyens, ne peuvent entretenir un réseau d'ambassades. Des représentants de Nations qui n'entretiennent plus de relations diplomatiques peuvent se rencontrer en coulisse. C'est un Parlement sans pouvoir véritable ; mais, même si l'O.N.U. ne remplit pas le rôle déterminant qu'on souhaiterait, l'Organisation existe et représente une tribune pour les petits comme pour les grands États.

	Articles 28 à 30 Droits libertés devoirs sur un plan social et international				Dôme
Déclaration universelle des droits de l'homme	Art. 2 à 11 Droits de la personne	Art. 12 à 17 Rapports entre les personnes	Art. 18 à 21 Libertés publiques et droits politiques	Art. 22 à 27 Droits économiques sociaux culturels	Piliers
1948	Article 1 Liberté Égalité Fraternité				Fondations
	Préambule et proclamation de la Déclaration				
	Org. des Nations Unies				
	Charte de San Francisco				

1945 } 1939	Seconde Guerre mondiale
1920	Société des Nations
1918 } 1914	Première Guerre mondiale

IX

Racismes

> (...) Il savait ce que cette foule en joie
> ignorait... que le bacille de la peste ne meurt
> ni ne disparaît jamais... et que, peut-être, le
> jour viendrait où, pour le malheur et
> l'enseignement des hommes, la peste
> réveillerait ses rats et les enverrait mourir
> dans une cité heureuse.
>
> Albert CAMUS, *La Peste.*

Racismes ? Mais les races existent-elles ? Interrogeons un généticien, Albert Jacquard. Sa réponse est nette : « Le concept de race ne correspond dans l'espèce humaine à aucune réalité définissable de façon objective »[1].

Il ne faut pas se fier aux apparences. Certes, l'un a la peau jaune, l'autre les yeux bleus, mais il peut exister davantage de différences dans le code génétique d'un Japonais du Hokkaïdo et son voisin compatriote du Honshū, qu'entre ce même Japonais et un paysan scandinave.

Pour Hitler, la race blanche était supérieure aux autres et, à l'intérieur même de la race blanche, les Slaves étaient considérés comme des sous-hommes. Pour la plupart des Blancs d'Afrique du Sud et de leurs gouvernants, la « pureté biologique de la race blanche » doit être préservée. Là-bas, *aujourd'hui*, existe un système de discrimination raciale institutionnalisé, régi par des lois qui sont contraires à la Déclaration universelle et aux autres textes.

1. *Moi et les autres,* Seuil point virgule, 1985.

plus fertiles, celles qui recèlent le plus de minerais précieux.

La population africaine est considérée par les Blancs comme un ensemble de tribus auxquelles on a attribué des territoires appelés *bantoustans*. Ces « foyers nationaux » dénommés *homelands* et au nombre de dix sont, pour certains, morcelés. Ils sont situés dans des zones pauvres, arides et possèdent peu d'installations sanitaires et d'écoles. Les écoles sont différentes pour chacune des races (à part quelques universités) et la ségrégation vaut partout : hôpitaux, logements, transports, églises, et bancs publics. Poussés par la misère, les hommes des *homelands* cherchent des emplois dans les zones blanches, parfois loin de leur famille. Femmes et enfants doivent rester « au pays », les travailleurs migrants sont manœuvres, ou ouvriers.

Pendant soixante-dix ans, l'asservissement du Sud-Africain noir a été matérialisé par son *pass* (laissez-passer). Toute sa vie y était consignée : groupe tribal, empreintes digitales, permis et interdictions de tout ordre. En soixante-dix ans, ce *pass* a conduit à l'arrestation de 18 millions de Noirs.

« Sans lui, dit Winnie Mandela, nous ne pouvons nous loger ni travailler, nous sommes rejetés des villes. Nous ne pouvons pas déclarer une naissance... » Winnie Mandela est l'épouse de Nelson Mandela, leader noir condamné à la prison à vie en 1964, et qui incarne aujourd'hui le combat contre l'apartheid.

Seuls les Noirs doivent porter un *pass.* Même en sa possession, ils peuvent être ramassés dans des rafles et séjourner en prison, dans d'infectes cellules, exposés aux brimades des gardiens. Sans *pass,* c'est la lourde amende ou deux jours de prison par rand (1 rand = 5 francs) non payé ; le Noir peut être aussi « loué » pour travailler en ville, ou « prêté » à un fermier blanc... L'abolition officielle du *pass,* en juillet 1986, n'a rien changé à la condition des Noirs.

Habillé d'un sac en toile de jute, afin d'être plus repérable, le Noir est esclave pour un temps, avec, parfois, la mort pour salaire à cause des coups du maître, qui, lui, sera condamné à une légère peine... et avec sursis.

Déplacements forcés des populations d'un taudis à l'autre, oppression, arrestations par milliers, enlèvements, assassinats, tortures et morts en détention : comment la violence ne monterait-elle pas dans les *townships* (communes à population noire) ? Exploités, exclus, des êtres humains ne supportent plus ces trois mots : « Réservé aux Européens ».

« *Le mécanisme de transmission de la vie est tel que chaque individu est unique, que les individus ne peuvent être hiérarchisés, que seule la richesse est collective : elle est faite de la diversité. Tout le reste est idéologie.* »
   François JACOB, *prix Nobel de médecine en 1965.*

Nos différences

Les êtres humains proviennent d'une même souche. Ceux-ci ont une peau foncée, ceux-là sont blonds, d'autres ont les yeux bridés, certains — connus sous le nom de « Pygmées » — ne mesurent pas plus de 1,50 m.

Constatant des différences entre des groupes d'hommes, le raciste affirme que des races humaines sont inférieures à d'autres. Fabriquant une échelle et s'installant sur le barreau supérieur, il place entre lui et la terre les autres individus, reléguant au ras du sol — et même quelquefois en dessous — des êtres qu'il méprise. Ce raciste « supérieur » (car il est des gens qui, victimes du racisme, le font subir à d'autres) transforme les différences en inégalités. On a vu ce qu'il en résultait au pays de l'apartheid.

Supposons qu'un fermier blanc raciste d'Afrique du Sud ait — par malheur — un accident. Il perd abondamment son sang. Autour de lui se trouvent quelques Blancs, mais aucun n'a un groupe sanguin compatible avec celui de l'accidenté ; s'il y a transfusion c'est la mort par incompatibilité du groupe sanguin des frères de race blanche ; s'il n'y a pas transfusion, c'est la mort tout court.

Supposons encore que soient présents des Noirs habillés d'un sac de toile de jute, dont le groupe sanguin est compatible avec celui du blessé. Au nom de l'apartheid, notre fermier blanc raciste ne doit-il pas logiquement se laisser mourir, refuser de recevoir le sang provenant de ces Noirs, lui qui ne supporta jamais qu'un seul d'entre eux vienne s'asseoir à son côté, occupe le même wagon à chaque fois qu'il prit le train ?

Dans l'histoire de l'humanité, il y a eu des maîtres et des esclaves, des interdictions, des inégalités, des dominants et des dominés, des atrocités, des injustices.

Sésostris III, pharaon, refusait à tout Noir de descendre le Nil au-delà de Heh. Pour l'évêque Quevedo, adversaire de Las Casas, les Indiens étaient « des êtres inférieurs, des esclaves par nature... ». Et Voltaire, oui, le Voltaire du siècle des Lumières, méprisait les esclaves, tirant une partie de sa fortune des bénéfices d'une entreprise nantaise de traite des Noirs. Voltaire n'aimait pas davantage les Juifs et le faisait savoir avec virulence.

Le racisme à prétention scientifique est une « invention » récente. Le Français Arthur de Gobineau écrit en 1855 un *Essai sur l'inégalité des races humaines*. La supériorité de la race blanche, nordique, germanique, y est vantée. « Point de civilisation véritable chez les nations européennes quand les rameaux aryens n'ont pas dominé. » Un Allemand d'origine anglaise, Houston Steward Chamberlain expose dans ses *Fondements du XXe siècle* une théorie raciste, met en garde la race germanique contre les risques de contamination du catholicisme romain et du judaïsme, indique le chemin à suivre pour le « salut des Allemands et, de ce fait, celui du genre humain ». Vacher de Lapouge, lui, divise la « race européenne » en sous-groupes. L'*Homo europaeus* domine : il est blond, grand... Voir *Mein Kampf*.

La graine du racisme est semée. Il n'est plus seulement violence, il est devenu une doctrine qui prétend justifier scientifiquement l'idée de races supérieures et inférieures... Certains n'en demandaient pas tant ; ils vont pouvoir justifier des dominations, en particulier le colonialisme, et élever la voix. Mussolini va discourir à l'ombre de la statue de Jules César. Hitler va haranguer d'immenses foules...

Passé, que tout cela ? La guerre est loin, mais le racisme n'a jamais disparu. Des lois existent, qui nous protègent, mais il s'agit d'être vigilants, comme en témoignent les exemples qui suivent :

● Juin 1979. Dans le Cher, un Antillais se présente à la porte d'un dancing. Le patron lui refuse l'entrée, le frappe, lui brise la mâchoire. (*Cahiers de la LICRA,* n° 3, 1981)

● Licenciement raciste. Chef d'entreprise à Roquefort-sur-Soulzon, Albert Alric a pris, en mars 1983, à l'encontre d'un des employés marocains, M. El Yacoubi, une mesure de licenciement considérée par le Tribunal de

Passé, que tout cela? La guerre est loin, mais le racisme n'a jamais disparu.

grande instance comme raciste (jugement du 29 juin 1984). Saisie en appel, la Cour de Montpellier a confirmé ce jugement... (*Droits et Liberté, M.R.A.P.*, nᵒˢ 445-446, déc. 85-janv. 86.)

● « Je voulais flinguer des bougnoules... En aucun cas, je ne regrette ce que j'ai fait. » Propos tenus par Frédéric

Boulay devant la Cour d'assises de Loire-Atlantique. Le 11 novembre 1984 à Châteaubriant, Frédéric Boulay a tué en criant : « Heil Hitler ! », deux travailleurs turcs. Il en a blessé cinq autres, et son seul regret est de ne pas avoir pu mieux faire. Il a vingt-trois ans et il est nazi. (*Le Monde*, 26 septembre 1985.)

● Interdits d'école... La municipalité de Montfermeil (Seine-Saint-Denis) refuse les inscriptions d'enfants immigrés « nouvellement arrivés » dans les écoles maternelles et primaires de cette localité, dont le quart des vingt-trois mille habitants sont étrangers... Une circulaire du 16 juillet 1984 du ministère de l'Éducation nationale rappelle que « l'instruction est obligatoire pour les enfants des deux sexes, français et étrangers, de six à seize ans ». (*Le Monde*, 3 décembre 1985.)

Faits divers ? Non. Racisme ! Et ce racisme entraîne des coups, des licenciement, des meurtres, des interdictions diverses et injustifiées. Parce que l'« autre » est différent.

L'antisémitisme

> Si ma théorie de la relativité est prouvée, l'Allemagne me revendiquera comme Allemand et la France déclarera que je suis un citoyen du monde. Mais si ma théorie est fausse, la France dira que je suis un Allemand et l'Allemagne déclarera que je suis un Juif.
>
> Albert EINSTEIN, discours en Sorbonne.

Personnage biblique, fils de Noé, Sem est l'ancêtre supposé des Juifs et des Arabes (sémites). Mais le mot « antisémitisme », forgé au XIXe siècle concerne les seuls Juifs.

Croyant à un seul dieu, les Juifs sont suspects. N'ayant pas reconnu Jésus, l'ayant mis en croix, ils sont accusés de déicide. Ils sont soumis à des humiliations : port de l'étoile jaune en 1215... Ils sont persécutés par l'Inquisition,

● **L'affaire Dreyfus.** *1894. Un bordereau parvient au contre-espionnage français : des renseignements concernant la défense nationale ont été fournis à l'attaché militaire allemand à Paris. Alfred Dreyfus, capitaine, est soupçonné. On l'arrête. Dreyfus est israélite. Depuis quelque temps, l'Europe est secouée par des mouvements antisémites. Dans son journal* La libre parole, *Édouard Drumont lutte contre la présence d'officiers juifs dans l'armée. Pour lui « la race sémitique est une combinaison inférieure de la nature humaine... ».*

La société industrielle est dure. Elle a fait des mécontents, des révoltés. En 1886, Drumont, dans son livre La France juive, *désigne le coupable : c'est à cause du Juif que les ouvriers sont dans la misère, qu'il y a des guerres sociales et des grèves. La petite bourgeoisie déchue ? Le désaccord entre les classes ? Le Juif est responsable. Drumont propose tout simplement le massacre des Juifs. En cette fin de siècle, des ouvrages antisémites circulent. La presse se déchaîne. Dreyfus est dégradé et condamné à la déportation à vie.*

● *1896 : le commandant Picquart découvre que le traître est un officier du nom d'Esterhazy et exige la révision du procès. Le Conseil de guerre acquitte Esterhazy.*

● *13 janvier 1896 : Zola publie un violent article dans* l'Aurore *: « J'accuse ! » Il fait le procès de l'État-Major. Alors, l'opinion se déchire. On est* dreyfusard *ou* anti. *Des manifestations éclatent. Les* dreyfusards *demandent « la justice et la paix ». Les autres ravivent la campagne antisémite. Jugé à nouveau, Dreyfus sera condamné avec circonstances atténuantes, puis gracié, et amnistié en 1900. Réhabilité en 1906, il sera nommé chef de bataillon et décoré de la légion d'honneur.*

● *1930 : les carnets de l'attaché militaire sont publiés ; ils prouvent l'innocence de Dreyfus.*

Dreyfus meurt en 1935. Hitler est au pouvoir depuis deux ans. Il a déjà commencé à mettre en pratique les théories de Gobineau, Chamberlain, et les siennes...

tribunal ecclésiastique : conversions forcées, exécutions sur les bûchers. Dépouillés de leurs biens, ils vont de pays en pays, après avoir été tolérés puis proscrits, vivent dans des ghettos et deviennent les boucs émissaires de tous les malheurs. Émancipés par la Révolution française, ils se mêlent à la culture européenne mais, bientôt, les Drumont (voir encadré sur l'affaire Dreyfus) et autres les désignent du doigt. Des pogroms éclatent dans la Russie tsariste ; on limite l'accès des Juifs à l'enseignement secondaire, on leur assigne des zones de résidence. Entre 1917 et 1921, 60 000 Juifs périssent. En ce début de siècle, deux millions de Juifs se réfugient aux États-Unis. Puis arrive le nazisme avec sa barbarie, ses lois racistes, ses interdictions, sa terreur et sa « solution finale »...

L'article 12-2 du Pacte international relatif aux droits civils et politiques auquel l'U.R.S.S. a pourtant adhéré en 1973, stipule que « toute personne a le droit de quitter son pays ». Mais les citoyens soviétiques ne peuvent quitter le pays sans autorisation expresse des autorités. Les autorités soviétiques s'opposèrent pendant longtemps à toute émigration des Juifs vers le nouvel État d'Israël, soulevant en Occident de violentes protestations contre les atteintes aux

---

● *1981. À Anvers (Belgique) deux grenades sont lancées sur une colonie de vacances de jeunes Juifs : un mort, 20 blessés.* (Cahiers de la LICRA, n° 3.)

● *« Les Juifs sont des singes ou des porcs, même s'ils ont l'aspect d'êtres humains... »*
(Les Annonces *[hebdomadaire tunisien], 28-06-85.)*

● *1981. Attentat à la bombe contre la synagogue de la rue Copernic à Paris. 4 morts, 20 blessés.*

(Libération)

● *8 septembre 1986. Massacre à la grenade dans la synagogue d'Istanbul : 24 morts et 4 blessés graves.*

---

droits de l'homme. Mais un changement de politique s'opéra au début des années 1970.

En 1979, munis d'un visa pour Israël, 51 320 citoyens d'origine juive avaient été autorisés à quitter l'U.R.S.S. Pour 1984, le nombre total des émigrants s'élève à 896. Les chiffres sont éloquents. Le problème des Juifs d'U.R.S.S. ne se limite pas à celui des autorisations d'émigrer. Les conditions de vie et de travail de la communauté juive soviétique préoccupent le judaïsme mondial... (*Le Monde*, 30 sept. 1985.)

● *Yossif Begun, mathématicien, U.R.S.S. A fait en 1971 une demande d'émigration pour Israël. Visa refusé. Empêché de poursuivre ses activités professionnelles, il est condamné à la relégation en Sibérie pour parasitisme (2 ans) puis pour violation de la réglementation des passeports (3 ans). En 1984, il est condamné pour « agitation et propagande antisoviétique » à 7 ans de camp à régime sévère et à 5 ans de relégation.*

Ligue contre le racisme et l'antisémitisme.

De l'Afrique à l'Amérique : les Noirs

Armstrong un jour tôt ou tard
On n'est que des os
Est-ce que les tiens seront noirs
Ce serait rigolo
Allez Louis alléluia
Au-delà de nos oripeaux
Noirs et Blancs sont ressemblants
Comme deux gouttes d'eau.

Claude NOUGARO.

Las Casas aimait les Indiens... et fut le premier à demander l'autorisation d'importer des esclaves noirs. Quand il le regrette — « J'ai compris depuis que ce qui est inique envers les Indiens l'est aussi pour les Noirs... » — il est déjà trop tard. De toute façon, puisqu'il fut le premier, c'est donc qu'il y eut d'autres demandeurs. Toujours est-il que, par millions, des Africains vont se trouver déplacés d'un continent à un autre, jusqu'au XIX⁰ siècle.

Les conquistadores ont décimé les populations indiennes. Il faut des bras solides pour travailler dans les plantations. Le réservoir sera l'Afrique. Portugais et Espagnols, Français, Anglais, Hollandais se chargent du trafic. Les navires emportent les « *Bois d'ébène* », comme on appelle cette marchandise humaine, et reviennent vers l'Europe avec sucre et tabac. La traite des Noirs a commencé.

Pour le voyage, les « vivres à nègres » — fèves, riz, bananes — sont réduits au maximum, et l'on entasse les Noirs dans l'entrepont. Beaucoup meurent en route. À l'arrivée, on « nettoie » les survivants pour que les acheteurs aient bonne impression.

Après avoir été palpés, examinés soigneusement, pour vérifier leur bon état physique (les dents, notamment) et leur aptitude au travail, les arrivants sont conduits vers les plantations, chez leur maître, et sont mis au travail.

C'est en 1619 que les vingt premiers Noirs furent débarqués en Amérique du Nord. En 1860, ils sont quatre millions, aux États-Unis.

Élu à la présidence, Abraham Lincoln est antiesclavagiste. Industrialisé, le Nord du pays est pour l'abolition de l'esclavage ; le Sud, qui vit du coton et du travail des Noirs, est pour son maintien. En 1861, la guerre de Sécession éclate. Au cours du conflit, en 1863, Lincoln affranchit les

---

« *Je ne sais si le café et le sucre sont nécessaires au bonheur de l'Europe, mais je sais bien que ces deux végétaux ont fait le malheur de deux parties du monde. On a dépeuplé l'Amérique afin d'avoir une terre pour les planter ; on dépeuple l'Afrique afin d'avoir une nation pour les cultiver.* »
Bernardin DE SAINT-PIERRE, 1737-1814.

Noirs des États rebelles. En 1865, l'esclavage est aboli, et, le 14 juillet 1868, le XIVe amendement à la Constitution accorde à toute personne née ou naturalisée aux États-Unis la « qualité de citoyen des États-Unis et de l'État dans lequel elle réside ».

La ségrégation

> J'ai entendu le mot nègre trois cent cinquante fois, aujourd'hui. Ce n'est qu'un mot. Mais je ne comprends *pas*. Tous les détenus qui l'emploient sont des minables...
>
> George JACKSON à Angela DAVIS, 2 juin 1970.

Abraham Lincoln a été assassiné en 1865, quatre jours après la capitulation des Sudistes. Après une courte période de relative liberté des Noirs, les racistes vont reprendre le dessus. Autonomes, les États du Sud pratiqueront la ségrégation, c'est-à-dire la séparation raciale dans les transports, les hôpitaux et dans les écoles : *White only* ou *Colored* signalent les panonceaux.

L'exercice du droit de vote est rendu impossible aux Noirs. Les mariages inter-raciaux sont interdits.

À la misère et la ségrégation s'ajoute la violence. Les lynchages des Noirs sont nombreux et les fanatiques du Ku-Klux-Klan s'organisent dans une association secrète, criminelle, pour que soit respecté le « pouvoir blanc ».

Lors de la Seconde Guerre mondiale, Roosevelt interdit toute discrimination de race ou de couleur dans l'embauche des travailleurs, mais, pour obtenir ce droit, menace a été brandie d'une marche sur Washington. La ségrégation sévit toujours. La Croix-Rouge américaine met à part le sang des Noirs et des Blancs, et les soldats noirs peuvent voir des prisonniers allemands manger dans des wagons-restaurants dont l'accès leur est interdit.

La longue marche vers l'égalité

> J'ai rêvé qu'un jour sur les collines rouges
> de la Georgie, les fils des anciens esclaves et
> ceux de leurs propriétaires seraient prêts à
> prendre place ensemble à la table de la
> fraternité.
>
> Martin LUTHER KING.

En 1955, à Montgomery (Alabama), éclate un incident à propos d'une place dans un bus. Le pasteur noir Martin Luther King et ses amis décident le boycott des transports. Pour aller au travail, les Noirs marchent, chantant des cantiques. Après 382 jours, la compagnie des bus cède. La Cour suprême déclare anticonstitutionnelle la ségrégation dans les transports. Dès lors, King va être de tous les combats pacifiques, pour la dignité des Noirs et des pauvres, pour le respect de leurs droits...

En 1963, 250 000 Blancs et Noirs rallient Washington et se regroupent, face au mémorial de Lincoln, pour le centenaire de l'abolition de l'esclavage. Martin Luther King rencontre le président Kennedy, sensible au problème noir.

Un projet de loi sur les droits civiques (Civil Rights) visant la non-participation politique et la ségrégation est mis au point. La loi sera votée en juillet 1964 sous la présidence de Johnson. Car, le 22 novembre 1963, à Dallas, des détonations ont claqué : Kennedy a été mortellement atteint. Comme le seront, en 1968, M.L. King à Memphis et Robert Kennedy à Los Angeles.

Dans les ghettos des grandes villes industrielles, règnent la misère, la surpopulation, le chômage. Des émeutes éclatent en 1964 (l'année où M.L. King reçoit le prix Nobel de la paix) : violences à Watts, en 1965 (34 morts, des dizaines de blessés), troubles à Philadelphie, et aussi à Detroit, Omaha.

Depuis 1970, le racisme a reculé. L'intégration des Noirs a fait des progrès décisifs, leur pouvoir politique s'est

La torture

Le terme torture désigne tout acte par lequel une douleur ou des souffrances aiguës, physiques ou mentales, sont intentionnellement infligées à une personne...
Extrait de l'article premier de la Convention contre la torture et autres peines ou traitements cruels, inhumains ou dégradants, adoptée par l'Assemblée générale de l'O.N.U. le 10 décembre 1984.

La torture revêt différentes formes. Elle peut être punitive, utilisée comme sanction d'un crime, d'une faute, d'un délit.

Elle peut être également utilisée par certains gouvernements pour terroriser des personnes ou toute une population afin de démanteler une opposition ou pour décourager une contestation.

Elle peut enfin être utilisée comme moyen d'enquête, pour obtenir des renseignements, des dénonciations, des aveux.

La torture est un fléau. Elle sévit sur tous les continents.

Au Soudan, des supplices en tout genre sont encore infligés. Le dimanche 10 février, un tribunal de Khartoum a condamné à des supplices variés trois personnes reconnues coupables de coups et blessures volontaires.

— Izzedin Adam, garçon de courses, recevra vingt-cinq coups de fouets, des coups de pied à la tête, et sera mordu dans le dos.

— Ismaïl Mahamed Khode se verra également infliger vingt-cinq coups de fouet et des coups de pied dans le ventre.

— Jabir Ismail Al-Fau, boucher, recevra trente coups de fouet, des coups de pied à la tête et aura la main droite brisée.

(Le Monde, *13 février 1985.*)

En Turquie, une femme témoigne : « Le 12 septembre 1980, un camion rempli de soldats arriva à la maison. Ils emmenèrent mon mari... Je pus le voir à l'hôpital 18 jours plus tard. Il était méconnaissable. Ils l'avaient battu à coups de sac de sable, et lui avaient envoyé des décharges électriques à divers endroits du corps. Ils l'avaient torturé pendant 18 jours et 18 nuits...

En juin 1981, je revins à son chevet et il me dit : « Qu'importe si un peu de chair et d'os disparaît. Ils ne peuvent pas tuer toute l'humanité. Sois courageuse. Prends soin des enfants. Je sais que je vais mourir. »

Son seul crime était d'être président de la section locale du syndicat des enseignants turcs, et membre du parti des travailleurs socialistes turcs, une formation légale avant le coup d'État militaire.

Aujourd'hui, je suis seule avec mes deux enfants... »

(Amnesty International. Turquie.
Des victimes de la torture témoignent, *Janv. 86.)*

Au Chili, on peut citer le cas d'Adriana Vargas Vasquez : ouvrière jusqu'en 1979, mais mise à pied en raison de ses activités syndicales, trente et un ans, célibataire, un enfant de neuf ans. Arrêtée dans un autobus par des agents de la C.N.I. le 20 mars 1980 à Santiago, elle est maintenue au secret pendant cinq jours.

Pendant quatre jours elle est torturée : étendue nue sur un lit, elle est torturée à l'électricité jusqu'à en perdre connaissance...

... Elle garde de nombreuses séquelles : douleurs menstruelles, migraines, des traces de tortures à l'électricité, mémoire et une faculté de concentration diminuées, vertiges, insomnies, cauchemars, anxiété, état dépressif.

(Amnesty International. Chili Constat de torture,
août 1983, et Rapport, *1984.)*

Elle a pour but de briser l'individu, de détruire sa volonté, de l'humilier, afin qu'il devienne dépendant du tortionnaire. La torture, c'est un moyen de semer la terreur. La torture est un scandale permanent. Car dans des dizaines de pays, pour des dizaines de millions de personnes, rien n'a changé.

« Choisi », le tortionnaire a subi un entraînement ; il doit pouvoir obéir à des commandements absurdes ; il n'est qu'un rouage dans le « système » utilisé par un groupe ou un État. Le but est de museler des mouvements politiques, des organisations syndicales, des croyants, des défenseurs des droits de l'homme, des individus qui protestent, des gens pris au hasard, des suspects.

Cette méthode est employée par des gouvernants au nom de la raison d'État et de la sécurité. Certains mouvements de guérilla la pratiquent également.

La torture est devenue un « art », une « science » qui a ses stratèges, ses savants, ses exécutants. Elle va de l'enlèvement à l'isolement, du simulacre d'exécution aux yeux que l'on bande — une victime est ainsi restée durant 27 mois en Iran — du viol à la bastonnade sur la plante des pieds, de la cagoule faite d'une chambre à air dans laquelle on verse de la chaux vive à l'obligation de manger ses propres excréments. On torture une femme devant son mari pour qu'il avoue des méfaits dont on veut le charger.

Les bourreaux ont les mains blanches. Ils sont parfois assistés et conseillés par des médecins.

En U.R.S.S., on interne de force des dissidents dans des hôpitaux psychiatriques où on leur fait prendre des drogues. Des candidats à l'émigration sont aussi torturés de cette manière. Pour avoir dénoncé ces pratiques, le docteur Anatoly Koryaguine a été condamné en 1981 à 12 ans d'emprisonnement et d'exil intérieur pour « agitation et propagande antisoviétique ».

Les bourreaux ont des complices. Durant les années 1968-1973, époque d'atroce répression au Brésil où l'on torturait systématiquement et scientifiquement dans les centres d'interrogatoires et les commissariats, ce pays était l'allié principal des États-Unis. Le président Richard Nixon défendit personnellement les dirigeants brésiliens devant le Congrès.

Les bourreaux ont le bras long. En 1982, deux citoyens libyens vivant à Bonn (R.F.A.) ont été torturés dans la résidence du secrétaire général du bureau du peuple libyen. En février 1980, avait été lancé à Tripoli un appel officiel à la « liquidation physique des ennemis de la révolution de 1969 résidant à l'étranger et des éléments contre-révolutionnaires vivant en Libye ».

Celui qui a subi la torture et qui en réchappe est brisé pour un temps, si ce n'est à jamais. Des pays comme le Danemark, le Canada, ont créé des centres spécialisés pour des réfugiés qui furent victimes de la torture. En France, sous l'impulsion d'Amnesty International, de la Cimade et d'autres organisations humanitaires, un comité médical pour les exilés a été mis en place à l'hôpital Bicêtre.

La torture existe. C'est un fait. On peut — il faut — agir pour lutter contre de telles pratiques. Pour la victime, pour ses proches… et aussi pour soi-même. Car si l'on torture ne serait-ce qu'un seul être, fût-il à des milliers de kilomètres, c'est à un membre de la famille humaine que l'on touche.

Les bourreaux ont les mains blanches. Ils sont parfois assistés et conseillés par des médecins.

La torture de l'autre, comme tous les manquements aux libertés, aux droits, nous concerne.

Certes, bien des dirigeants ont tendance à considérer toute intervention en faveur des droits de l'homme dans leur pays comme une ingérence dans les affaires intérieures de ce pays. Mais, si aucune disposition de la Charte des Nations Unies n'autorise l'organisation « à intervenir dans les affaires qui relèvent essentiellement de la compétence nationale d'un État » (art. 2 par. 7), il est dit (Chap. IX, art. 55) que : « Les Nations Unies favoriseront... le respect universel et effectif des droits de l'homme et des libertés fondamentales pour tous... »

Et l'article 28 de la Déclaration universelle stipule que : « toute personne a droit à ce que règne, sur le plan social et sur le plan international, un ordre tel que les droits et libertés énoncés dans la présente Déclaration puissent y trouver plein effet ».

À la lumière de ces textes, de la Résolution 1503 votée en 1970 par le Conseil économique et social et qui concerne les plaintes des victimes et de toute personne ou groupe de personnes qui a eu connaissance directe et sûre de violations, il n'est pas sérieux de parler d'ingérence quand il s'agit de droits de l'homme.

Aussi, obligation est-elle faite aux États qui ont ratifié les Pactes de 1966 complétés par le Protocole facultatif, de produire des rapports périodiques sur la sauvegarde des droits de l'homme dans leur pays et de répondre aux questions qui leur sont posées au sujet de plaintes émanant de particuliers ou d'organisations privées.

En d'autres termes, si nos voisins de palier battent leur enfant, doit-on les laisser faire au nom du « principe » selon lequel *Charbonnier est maître dans sa maison* ? Ou bien doit-on intervenir ? Nous devons intervenir, car il y a violence et c'est inacceptable. Les hésitants devront se décider, eux aussi, à intervenir. Rappelons-leur qu'une loi punit la non-assistance à personne en danger.

Agir contre la barbarie

> On avait sûrement calomnié Joseph K., car, sans avoir rien fait de mal, il fut arrêté un matin.
>
> Franz KAFKA, *Le Procès*.

Comment intervenir pour que cesse la torture, pour que soit assuré le respect des droits et des libertés ?

Le premier devoir est de s'informer. C'est le commencement de l'action. Aujourd'hui, sauf pour les pays où il est difficile — voire impossible — d'obtenir des renseignements, nous ne pouvons prétendre que nous ignorons. Les violations des droits sont dénoncées par des Églises, des partis, des mouvements de défense des droits de l'homme, des organisations humanitaires, des syndicats, des associations de médecins, d'avocats, des journalistes et des personnes. Agir, c'est rejoindre ensuite un groupe, un mouvement de son choix pour militer, c'est consacrer à l'action quelques heures de son temps.

L'action ? C'est encore manifester, faire signer des pétitions, informer à son tour, écrire aux autorités responsables de violations, contacter l'élu de sa circonscription pour qu'il intervienne au Parlement, faire pression.

Une lettre pèse peu. Mais, ajoutée à quatre-vingt-dix-neuf autres, elle peut produire un effet. Lorsque des centaines et des centaines de lettres arrivent au destinataire, c'est peut-être un coup en moins pour celui ou celle que l'on torture, un adoucissement de peine pour l'emprisonné.

« ... *Les droits fondamentaux de l'homme* ne découlent pas de son appartenance à un État donné, mais reposent sur les attributs de la personne humaine, ce qui justifie leur protection internationale... » (Convention américaine relative aux droits de l'homme. 1969. Extrait du Préambule.)

Sixto Carlos était l'un des dirigeants du Front démocratique national (opposé au régime de l'ex-président Marcos aux Philippines) lorsqu'il fut enlevé en 1979. Torturé après son arrestation, il n'a été libéré que le 4 novembre 1983 après plus de quatre ans de détention sans jugement. L'A.C.A.T. (Association des chrétiens pour l'abolition de la torture), qui l'avait parrainé, et avait lancé bien des appels et des pétitions en sa faveur, a reçu une lettre de remerciements de Sixto Carlos. « Les lettres d'appel de l'A.C.A.T. en grand nombre, par centaines, ont sans aucun doute contribué énormément à cette issue heureuse (la libération). Plus que cela, votre soutien inlassable a aidé ma famille et moi-même à garder nos espoirs et nous a encouragés à poursuivre notre lutte pour la liberté et la justice. »

(Courrier de l'A.C.A.T.,
n°s 44-45, avril-mai 1984.)

Utopie? Rappelons-nous les mots de Sixto Carlos. Et ceux-ci : « Votre lettre m'est bien parvenue qui m'apporte un réconfort moral tellement grand que vous ne pouvez imaginer... ce message (me procure) un supplément de ressources nécessaires pour supporter mon isolement qui dure depuis bientôt neuf ans (102 mois exactement) et qui ne finit pas de finir... » (Lettre d'un prisonnier béninois à son groupe d'adoption. Amnesty International, octobre 1981, *Chronique*.)

Écrire, c'est agir, c'est redonner espoir à ceux qu'on cherche à briser, c'est signifier aux tortionnaires, aux gouvernants et à leurs geôliers qu'ils ne peuvent compter sur notre oubli. Il faut agir. Pour que les victimes, leurs proches, ceux qui luttent en leur faveur sentent qu'ils ne sont pas seuls au monde.

À l'échelle de l'univers, comparés aux espaces interstellaires, que représentent les quelque milliers de kilomètres qui nous séparent de celui dont les droits sont bafoués ? La victime ne se trouve guère plus loin que cet enfant battu par nos voisins de palier.

L'opinion publique existe. La pression internationale est une arme qui peut être efficace ; des avocats peuvent assister à des procès qui, sans cette pression, se seraient tenus à huis clos, des choses peuvent bouger. Soyons certains que les pressions internationales ont contribué à l'effondrement du régime dit « des colonels » au pouvoir en Grèce de 1967 à 1974.

Le 21 avril 1967, à la veille d'élection générale, un groupe d'officiers s'empara du pouvoir. Cette junte militaire, soutenue par une partie de l'armée, quelques familles puissantes de la grande bourgeoisie grecque et une certaine politique américaine, fit arrêter de nombreuses personnes. Elle établit une censure et institua un régime autoritaire. Les démocraties de l'Europe occidentale protestèrent contre les atteintes aux libertés fondamentales, les camps de prisonniers et les méthodes policières du régime.

La démocratie fut rétablie durant l'été 1974.

Et, le 7 août 1975, 14 officiers et 18 soldats furent traduits devant le tribunal militaire permanent d'Athènes pour avoir pratiqué la torture lors d'interrogatoires.

Qu'il nous soit permis de donner un exemple, dans un autre domaine, de l'impact de l'opinion publique : la guerre du Viêt-nam (1965-1975) devint de plus en plus intolérable aux Américains qui le manifestèrent, forçant les États-Unis à se retirer progressivement du conflit à partir de 1968. Ajoutons que, pour l'arrêt de cette intervention, la mobilisation fut mondiale. Mais l'opinion publique ne peut, hélas, s'exprimer partout. Si les Américains manifestèrent, c'est qu'ils en avaient le droit et qu'ils étaient informés. Que savent les Soviétiques de la guerre menée en Afghanistan par l'U.R.S.S. ? En 1983, pour avoir osé faire mention de la résistance des populations afghanes, un journaliste de Radio Moscou international fut enfermé dans un asile psychiatrique.

Témoignage d'un prisonnier bulgare. « *Pendant que j'étais en prison, je n'avais aucun contact avec le monde extérieur. Mais je me suis rendu compte que le seul moyen de conserver ma vie était de sensibiliser l'opinion publique mondiale et j'espérais avec ferveur que mes camarades essayaient de faire quelque chose en ma faveur. Grâce aux efforts inlassables d'Amnesty International, de nombreuses autres institutions et d'amis, des voix se sont élevées dans le monde entier pour protester contre mon terrible sort.* »

(Des prisonniers témoignent. *Amnesty International, octobre 1981.*)

● *Entre le 15 et le 17 octobre 1985, 300 à 900 **enfants kurdes**, âgés de 10 à 14 ans ont été arrêtés à Sulaimanya et interrogés sur les activités de leurs parents. Dans les jours qui ont suivi les premiers interrogatoires, pratiqués au centre de détention des renseignements militaires (...) les corps de trois de ces enfants ont été retrouvés dans la rue portant des signes évidents de torture (...).*
La F.I.D.H. demande avec la plus grande fermeté au gouvernement de Bagdad (Irak) que soit mis fin à ces exactions et qu'il autorise l'envoi au Kurdistan iranien d'une mission d'enquête internationale.

(*F.I.D.H.*, Communiqué du 31 janvier 1986 *(extrait)*.)

Amnesty International, la Fédération Internationale des Droits de l'Homme (F.I.D.H.) sont des Organisations non gouvernementales (voir page 206). Entre autres actions, elles envoient des missions dans des pays, jouent des rôles importants auprès des institutions internationales telles que l'O.N.U., l'UNESCO, le Conseil de l'Europe, pour ne citer que celles-ci.

Les mères de la place de Mai

— Les disparitions sont des crimes contre l'humanité et non un délit politique.
— Ces crimes entraînent une responsabilité personnelle, sans que puissent être évoqués le devoir d'obéissance ni l'acte d'État.
— Ce délit est imprescriptible et non susceptible d'être oublié par grâce, pardon, ou amnistié.
Résolutions du premier congrès latino-américain des familles de « disparus »,
San José, Costa Rica, janvier 1981.

Mars 1976 : coup d'État à Buenos Aires, Argentine. Une junte prend le pouvoir, avec, à sa tête, le général Videla. Commencent ce qu'on appellera « les années de sang ». La répression existait déjà ; elle s'était intensifiée au milieu des années 60, quand les généraux avaient voulu consolider leur dictature et avaient combattu durement les grèves, les soulèvements populaires, la guérilla. Elle se déchaîne. Durant sept ans, on va enlever, torturer des milliers de gens, et faire disparaître 10 000 personnes : hommes, femmes, enfants...

Alors, tous les jeudis, des femmes se rassemblent, tournent en rond sur la place de Mai, afin de réclamer des nouvelles de leurs enfants disparus. Pour protester contre cette nouvelle opération « nuit et brouillard », elles sont coiffées d'un foulard blanc, elles brandissent des photos ; par dérision, les militaires les appellent « les folles ».

À Paris, chaque jeudi, des personnes se rassemblent devant l'ambassade d'Argentine pour leur manifester leur soutien et leur solidarité. À Buenos Aires, le général Viola succède à Videla. La répression continue. Les mères montrent toujours des photos.

Le 30 octobre 1983, Raúl Alfonsín est élu après sept ans et demi de pouvoir militaire. Une commission nommée par le président enquête. Les anciens dirigeants comparaissent en justice. Le lundi 9 décembre 1985, le verdict tombe :

cinq des neuf chefs militaires accusés d'avoir gravement attenté aux droits de l'homme sont condamnés ; réclusion à perpétuité pour Videla et l'amiral Massera, 17 ans de prison pour Viola, alors que le procureur avait requis la prison à vie contre cinq des accusés et des peines de 10 à 15 ans contre les quatre autres.

Justice imparfaite, mais justice tout de même ? On peut se poser la question.

Pour protester contre la sentence, la présidente des mères de la place de Mai n'a pas voulu ôter le foulard blanc dont elle s'était coiffée et elle a quitté la salle. Les défenseurs des droits de l'homme partagent sa réprobation, car « le tribunal a tenu les condamnés pour responsables des crimes commis sous leurs ordres par leurs subordonnés... ». Autrement dit, cela signifie que les militaires de grade inférieur, les « exécutants », pourront invoquer le

devoir d'obéissance pour se dérober à la justice lors de procès ultérieurs.

Ainsi, le lieutenant Astiz, accusé de nombreux enlèvements, est-il acquitté en avril 1986 par la justice militaire. Pour l'armée, Astiz, comme d'autres, n'a fait qu'obéir aux ordres.

Nous comprenons la présidente des mères de la place de Mai. Pour un Eduardo X..., « disparu » à l'âge de cinq ans avec sa mère en 1974 — déjà — , recherché par sa famille pendant 8 ans, et rendu à sa vraie famille après avoir été abandonné, envoyé au Mexique, combien d'enfants retrouvés morts, ou toujours portés disparus !

Le peuple des exilés

> Tu sentiras, bien loin de Florence et des nôtres
> Qu'il est dur de monter par l'escalier des autres
> Et combien est amer le pain de l'étranger.
> DANTE, *Paradis*, Chant XVII.

Des gens s'exilent parce que, dans leur pays, les droits de l'homme les plus élémentaires sont bafoués. S'ils restent, c'est la prison, le camp de rééducation, la torture, la mort. Ils n'ont pas d'autre solution que d'abandonner tout. Seuls ou avec leur famille, ils risquent souvent leur vie dans ces départs de la dernière chance.

Des gens s'exilent, fuyant la guerre, une catastrophe naturelle, la famine. Ils n'ont plus de terre. Ils sont persécutés.

Des gens s'exilent depuis toujours : protestants après la révocation de l'Édit de Nantes ou Arméniens pendant la Première Guerre mondiale. En 1939, les réfugiés espagnols franchissent les Pyrénées par centaines de milliers. Après la Seconde Guerre mondiale, des millions de natifs des pays de l'Est fuient les régimes staliniens.

Des gens s'exilent parce que, dans leurs pays,
les droits de l'homme les
plus élémentaires sont bafoués.

Les exilés forment un peuple innombrable. Parmi ces voyageurs citons quelques-uns des plus célèbres : Einstein, Chopin, Picasso...

Depuis sa création en 1951, le Haut Commissariat aux Réfugiés (H.C.R.) — soutenu par plusieurs gouvernements et en coopération avec de multiples organisations — a aidé 26 millions d'exilés à ne plus être des réfugiés. En les aidant, lorsque les conditions l'ont permis, à rentrer chez eux, en les soutenant pour s'intégrer dans les premiers pays d'asile, en facilitant leur réinstallation ailleurs.

Aujourd'hui, en 1985, ils sont dix millions, dont plus de la moitié en Afrique, plus de trois millions en Asie...

Partis le 12 décembre de la région de Ho-Chi-Min-Ville *(Viêt-nam) dans l'espoir d'atteindre la Malaisie, 80 réfugiés de la mer ont été arrêtés, après quatre jours de navigation, par un bateau de pêcheurs qui leur ont proposé de les aider, et les ont pris en remorque. Cinq heures plus tard, un deuxième bateau est arrivé, avec à son bord une vingtaine de pirates armés de couteaux et de barres de fer. Ceux-ci sont montés à bord du bateau des Vietnamiens pour les fouiller, à la recherche d'or et d'argent. Les hommes de plus de 17 ans ont été jetés à la mer; la plupart se sont noyés (...) les femmes ont été violées. Un survivant est remonté à bord du bateau où il restait 28 femmes et des enfants, et les a aidés à hisser la voile. Une trentaine de survivants sont arrivés en Malaisie le 19 décembre.* (HCR, Genève, 25-12-1985).

Il y eut un temps où presque mille personnes quittaient journellement l'Asie du Sud-Est. Depuis 1975, des centaines de milliers de gens ont fui le Viêt-nam, et l'aventure de ceux qu'on appelle les « Boat people » fut, et reste encore, particulièrement horrible. Des dizaines et des dizaines de milliers d'entre eux sont morts en mer de Chine, noyés ou tués par des pirates. Dix ans après cet exode massif, plusieurs milliers de « Boat people » partent encore chaque mois, en connaissant les risques encourus.

Depuis la fondation, en 1948, de l'État d'Israël, la tension est permanente dans la région, et les différentes guerres israélo-arabes ont apporté chaque fois leur lot de misères, de sang et de larmes; les Palestiniens ont été de plus en plus dispersés. Ils n'ont plus de patrie. Ils sont plus de 2 000 000 en Jordanie, au Liban, en Syrie, au Koweit, en Arabie Saoudite; ils sont environ 100 000 aux États-Unis et 200 000 dans divers pays. En Israël même, vivent 550 000 Palestiniens tandis que 1 300 000 d'entre eux se trouvent en Cisjordanie et dans la bande de Gaza (territoires occupés par Israël depuis la guerre des Six Jours en juin 1967).

Israéliens et Palestiniens ont droit à une terre, droit de vivre en paix à l'intérieur de frontières sûres et reconnues.

Le droit d'asile

En 1985, en France, 15 000 personnes ont obtenu le statut de réfugiés politiques (sur 30 000 demandes). Sur 100 personnes, 90 viennent des pays du Tiers Monde. En 1972, il n'y avait eu que 1 200 candidats.

Le droit d'asile, c'est l'ultime droit qui reste à un être lorsque tous les autres lui sont déniés.

Le 28 juillet 1951, les Nations Unies ont adopté la Convention relative au statut des réfugiés, dont le texte a été élargi par le Protocole en 1966. Est réfugiée : « toute personne qui, craignant avec raison d'être persécutée du fait de sa race, de sa religion, de sa nationalité, de son appartenance à un certain groupe social ou de ses opinions politiques, se trouve hors du pays dont elle a la nationalité et qui ne peut, ou, du fait de cette crainte, ne veut se réclamer de la protection de ce pays (art. 1, parag. 2) ».

Le 29 janvier 1986, 25 associations humanitaires (dont la Cimade, France Terre d'asile, le groupe d'information et de soutien aux travailleurs immigrés — GISTI — la Ligue des Droits de l'Homme) ont lancé en France une campagne nationale pour exprimer leur volonté de défendre le droit d'asile, réaffirmant publiquement que : « Le droit d'asile est un droit fondamental de l'être humain et qu'il doit être sauvegardé en France, quelle que soit la situation politique et économique. »

Dans les autres pays d'Europe, d'autres associations se mobilisent, les Églises s'engagent.

Les demandeurs d'asile sont Polonais, Palestiniens, Afghans, Zaïrois. Que représentent 8 000 réfugiés par an pour un pays comme la Suisse, qui ne connaît pas le chômage, alors que des États pauvres accueillent jusqu'à 3 000 personnes *par jour,* et que la Somalie, avec moins de 6 millions d'habitants, compte un réfugié sur sept Somaliens ?

« *Ils me forcent à partir*; ce n'est pas un choix, mais la pression est devenue trop forte. » Étudiante en droit, Marcella Pradenas fait partie d'une équipe de travailleurs sociaux dans une communauté chrétienne au Chili. Elle va tenter de rejoindre Madrid pour y poursuivre ses études. Durant l'été 1985, on l'a frappée, lors d'interrogatoires. On voulait qu'elle collabore avec la police, qu'elle serve d'indicatrice dans son université. Le 14 octobre, la tête recouverte d'une cagoule, trois hommes sont entrés chez elle, lui ont tracé des croix sur le front, les joues et la poitrine avec un fer à repasser brûlant. — Puis ils l'ont menacée, elle et toute sa famille. « Pourquoi suis-je visée? Je ne suis d'aucun parti politique mais mes principes chrétiens et humanitaires font que je me reconnais dans l'opposition. Je ne puis m'entendre avec un régime qui représente la mort. » (D'après l'interview parue dans le magazine chilien Hoy du 25 décembre 1985.)

Orly. 8 février 1981. Mme T., Bolivienne, munie d'un visa d'établissement du consulat français, vient rejoindre avec ses trois enfants son époux, qui a obtenu le statut de réfugié. Il s'était enfui trois mois auparavant afin d'échapper à une arrestation. Mme T. ne parle pas français et ne peut expliquer la situation. La police de l'air la refoule, la remet dans le vol suivant, pour La Paz. Alertée par un témoin, France Terre d'asile téléphone à l'officier de la police de l'air, puis au ministre de l'Intérieur pour demander qu'on garde Mme T., au moins jusqu'au lendemain. En vain... L'avion décolle. Alerté, le H.C.R. réussit à « rattraper » Mme T. à l'escale de Francfort...
Grâce à la vigilance d'un témoin, l'intervention rapide de France Terre d'asile, l'action du H.C.R., la vie de Mme T. a peut-être été sauvée. À cette époque, le général Luis Garcia Meza était au pouvoir et des centaines de personnes avaient dû quitter le pays pour des raisons politiques.

Le mur de Berlin

La R.D.A. est « à jamais et de manière irrévocable liée à l'Union des Républiques socialistes soviétiques ».

Article 6 de la Constitution de la République démocratique allemande.

« Le régime socialiste assure l'extension des droits et des libertés, l'amélioration constante des conditions de vie des citoyens au fur et à mesure de l'exécution des programmes de développement économique, social et culturel. »

Extrait de l'article 39 de la Constitution de 1977 de l'U.R.S.S.

À la fin de la Seconde Guerre mondiale, l'Allemagne avait été divisée en quatre zones d'occupation : américaine, britannique, française et russe. Les trois premières formèrent la République fédérale allemande (R.F.A.) ou Allemagne de l'Ouest tandis que la zone russe devenait la République démocratique allemande (R.D.A.). Berlin, ancienne capitale du Reich, située sur le territoire est-allemand, fut également divisé en quatre zones d'occupation formant deux secteurs distincts : Berlin-Ouest, rattaché à la R.F.A. et Berlin-Est, devenu capitale de la R.D.A. Bonn est la capitale de la R.F.A.

Depuis 1949, les Allemands de l'Est fuient la R.D.A. par Berlin-Ouest. En douze ans, 1 700 000 personnes sont recensées par les centres d'accueil occidentaux, mais on estime à plus de trois millions le nombre des passages.

Le 12 août 1961, on dénombre plus de 4 000 passages. Dans la nuit du 12 au 13, les premières pierres de ce que l'Occident appellera le « mur de la honte » sont posées. Haut de 3,50 m, il sépare le secteur oriental de la ville des secteurs américain, français et britannique sur 45 kilomètres. Il coupe Berlin en deux et il est prolongé sur 120 kilomètres par un dispositif de fil de fer barbelé. Fin novembre 1961, le mur est achevé. L'exode est stoppé.

Commencé dans la nuit du 12 au 13 août 1961,
le mur est achevé fin novembre 1961.

En vertu de l'article 213 du code pénal (« passage illégal de la frontière ») toute personne quittant la R.D.A. sans autorisation est passible d'une peine — jusqu'à 8 ans de prison. L'autorisation de partir est très difficile à obtenir.

Pourtant, *tous* les pays d'Europe (sauf l'Albanie) — soit 35 États au total — ont signé avec les États-Unis et le Canada *l'Acte final de la conférence sur la sécurité et la coopération en Europe,* le 1er août 1975 à Helsinki, en Finlande.

Le respect des droits et des libertés fondamentales y est affirmé, conformément à la Charte des Nations Unies, la Déclaration universelle, les Pactes internationaux. Personnes et idées circuleront librement...

Andrei Sakharov et les autres « dissidents »

> ... Je suis convaincu que le silence, face au mal, fait du témoin un complice...
>
> Adam MICHNIK,
> lettre de la prison de Barczewo, juin 1986.

Né en 1921 à Moscou, Andrei Sakharov est parmi les premiers à exposer les principes de la fusion thermonucléaire contrôlée. Ses travaux sur les origines et l'évolution de l'Univers font autorité. Dans les années 1966-1967, il lance ses premiers appels en faveur des victimes de la répression et crée, en 1970, le premier Comité de défense des droits de l'homme en Union soviétique. En 1975, on lui décerne le prix Nobel de la paix, mais les autorités lui refusent son visa pour Oslo. Il est de tous les combats pour la défense des droits et des libertés : il écrit au président des États-Unis à propos d'Angela Davis, prend parti pour les ouvriers polonais et les dissidents tchèques, lance un appel en faveur de Pablo Neruda.

Menacé pour ses actions en faveur de ses concitoyens, il continue, assiste aux procès et se rend dans de lointaines régions, sur les lieux d'exil, dans les camps de Mordovie. Il alerte l'opinion, fait des grèves de la faim, écrit. Il est l'objet de violentes campagnes ; on menace et l'on persécute les membres de sa famille.

Andrei Sakharov s'est battu pour des dizaines et des dizaines de femmes et d'hommes persécutés parce qu'ils revendiquaient simplement le droit à la liberté de pensée, de conscience, de religion, le droit à la liberté de réunion, d'association ; celui de quitter leur pays, de circuler. Avec un courage inébranlable, il a fait don de toute son énergie pour tenter d'aider des êtres humains privés de droits fondamentaux, dans un État totalitaire. Parmi eux :

— Vasyl Stus, célèbre poète ukrainien condamné une première fois en 1972 à 8 ans de prison. En exil en Sibérie, il rejoint un *Groupe de surveillance des Accords d'Helsinki.* En mai 1980, il est condamné à 15 ans de prison et d'exil intérieur. Il est mort d'épuisement en septembre 1985 à la colonie de redressement par le travail, le camp de Perm. Ce type d'établissement, le plus dur de tous, est réservé aux « récidivistes particulièrement dangereux ».

— Mart Niklus, biologiste, militant pour les droits de l'homme, est un nationaliste estonien (l'Estonie est l'un des pays baltes annexés par l'U.R.S.S. lors de la Seconde Guerre mondiale). Condamné en 1958 à 10 ans de camp, il est à nouveau frappé d'une lourde peine en 1981 : 10 ans de camp de travail à régime sévère et 5 ans d'exil intérieur.

— Leonid Plioutch, cybernéticien ukrainien interné de 1973 à 1976 dans un hôpital psychiatrique spécial, après son arrestation pour « agitation et propagande antisoviétiques ». En réalité, il est interné pour avoir écrit des *samizdat* (textes non soumis à la censure) sur des thèmes relevant des droits de l'homme. À la suite d'une vaste campagne internationale, Plioutch a finalement été libéré en janvier 1976.

— Mustapha Djemilev, Tatar de Crimée. Déporté comme toute la communauté de cette région en 1944, il a toujours milité pour une réhabilitation réelle de son peuple, qui fut collectivement condamné par Staline pour « collaboration avec l'ennemi ». Il a déjà passé dix années dans les camps. Sa dernière condamnation remonte à 1984.

Depuis 1980, Andrei Sakharov vit en exil à Gorki — ville interdite aux étrangers — sans avoir été jugé ni inculpé du moindre délit.

Victor Mychalyzin est né au Havre en 1930. En 1946, il part avec ses parents polonais dans leur région d'origine qui est devenue soviétique depuis la guerre. Il croit n'y rester que quelques mois. Il y est toujours.

« C'était sous Staline. Il ne fallait surtout rien dire, sinon on partait en Sibérie. J'avais mon passeport français, mais j'avais compris qu'il valait mieux que je ne parle pas. » Il devient maçon. En 1967, il demande à être rapatrié, et veut obtenir un visa. En vain. Après des années de démarches discrètes, infructueuses, il estime qu'il n'a plus grand-chose à perdre et souhaite que son cas soit rendu public. « Voilà 40 ans que je souffre ici. Je voudrais seulement revoir la terre où je suis né, et ne pas mourir en U.R.S.S. » (Source : *Le Monde,* 10 mai 1986.)

Ils sont plus de 200 Français à être dans son cas. Ils sont innombrables, ces Soviétiques et ces citoyens de pays de

---

*... **Une loi est entrée en vigueur** le 1er octobre, qui permet aux directeurs des prisons et des camps de prolonger de trois à cinq ans la peine des détenus. Les détenus soviétiques sont désormais soumis légalement à l'arbitraire des autorités... La situation ne changera guère, car ces méthodes, qui étaient en honneur sous Staline, mais avaient disparu dans les années 60 et 70, sont récemment réapparues... La seule différence est que l'application en sera plus facile puisqu'un simple manquement à la discipline suffira là où il fallait auparavant une nouvelle condamnation en bonne et due forme...*

(Source : Le Monde, *30 novembre 1983.)*

l'Est qui ne peuvent émigrer. Mychalyzin risque gros : des années de camp à régime sévère pour avoir voulu partir — et l'avoir dit. Il le sait.

En Tchécoslovaquie

La **Charte 77** est un mouvement des droits de l'homme qui lutte pour le respect de la Constitution, des Pactes internationaux, et des Accords d'Helsinki.

Le **VONS** est un comité qui s'est constitué pour défendre des personnes injustement persécutées.

Les membres de ces deux groupes sont particulièrement touchés par la répression qui revêt des formes différentes (harcèlements, perquisitions, restriction de la liberté de déplacement, arrestations, emprisonnement).

XI

Colonisation et luttes de libération nationale

L'Américain qui, le premier, a découvert
Colomb, a fait une fâcheuse découverte.
LICHTENBERG, *Aphorismes*.

Lorsque s'accélère le processus de colonisation, à partir des années 1860-1870, l'Amérique latine colonisée par les Espagnols et les Portugais depuis le xvıᵉ siècle, a déjà accédé à l'indépendance : le Mexique en 1821, le Brésil en 1822 et le Pérou en 1824...

Les Européens — Anglais puis Français en tête — prennent possession et consolident d'immenses empires en Asie, en Afrique, et même en Australie.

Dans un régime totalitaire, les droits sont bafoués. Le colonialisme les viole d'une autre manière.

Pour Jules Ferry, ministre sous la IIIᵉ République, l'expansion coloniale française, était un devoir de « races supérieures » dans le combat contre la traite des « nègres » et l'esclavage ; il s'agissait aussi d'empêcher les conflits tribaux, de vaincre les maladies qui décimaient les populations autochtones et d'alphabétiser...

Nul doute que dans l'entourage de la reine Victoria, Impératrice des Indes et de tous « les pays au-delà des mers » (1837-1901), les mêmes opinions paternalistes étaient exprimées.

Ces bons sentiments de façade n'ont pas empêché et ont parfois même favorisé l'atteinte de certains droits fondamentaux des hommes colonisés : ils sont pratiquement exclus de toute participation à la vie politique ; leurs terres sont confisquées ; les travailleurs sont atteints dans leurs droits ; la langue officielle et la culture sont celles du colon ; au besoin la force est employée à leur encontre.

Enfin, coloniser, c'est aussi évangéliser.

On s'est partagé l'Afrique — Liberia et Éthiopie exceptés ; on va pouvoir piller un continent.

Au total, le fait colonial est pour les victimes une œuvre de « dépossession du monde » (Jacques Berque, professeur au Collège de France). L'univers colonial est donc par définition générateur de luttes et de révoltes. Il a persisté par la force — parfois — et surtout par le contrôle des personnes. Ce système d'oppression a entraîné, par substitution à une opposition civile légale impossible, attentats, grèves sauvages, extension des guérillas.

L'univers colonial est par définition générateur de luttes et de révoltes.

L'épreuve de la force

Les guerres ne commencent pas dès le premier coup de feu, ni par une déclaration solennelle. Les conflits ne sont pas toujours de la responsabilité de l'assaillant. Lorsque les industriels cotonniers du Lancashire inondent le marché indien de leur production, ne détruisent-ils pas l'artisanat local ? Cet autre à qui l'on apprit à lire, à écrire par « devoir envers l'être inférieur » qu'il était, ne fut-il pas blessé à jamais ? On ne dénie pas indéfiniment le droit de vote à quelqu'un, on ne le tient pas à l'écart de toute responsabilité...

La décolonisation a connu plusieurs périodes :

— entre les deux guerres mondiales (en Afghanistan, en Perse, en Irak, et en Égypte)... ;

— entre 1943 et 1955, 13 pays d'Asie deviennent indépendants, qui représentent 700 millions d'hommes ;

— entre 1956 et 1968, 36 nouveaux États se créent en Afrique, dont 14 États pour la seule années 1960 — année où l'Assemblée générale de l'O.N.U. adopte une résolution affirmant le droit à l'autodétermination.

L'indépendance a été obtenue : par la force en Indochine, en Algérie, et en Indonésie par exemple, par des négociations en Inde, en Tunisie, au Maroc, en Afrique noire francophone.

Algérie, 8 mai 1945 : Une foule se rassemble à Sétif. Le pays est sous-alimenté. Les tirailleurs algériens ont eu le droit de se battre au côté des Français, mais les musulmans n'ont pas l'égalité des droits. L'émeute se déclenche : 109 Européens sont tués. Approuvée par le gouvernement français, la répression est terrible. Des milliers de morts (entre 6 000 et 15 000). Le 26 mai, le « calme » revient.
La guerre d'Algérie commence avec l'insurrection du 1er novembre 1954. Elle se terminera en 1962. Le 1er juillet, l'Algérie est indépendante.

Gandhi, le non-violent

Après des études à Londres, il séjourne en Afrique du Sud, où il défend la cause des Indiens immigrés, victimes de la ségrégation. De la résistance passive à la marche de protestation, il se fait adepte de la pauvreté volontaire. Revenu aux Indes, il milite en faveur du retour aux traditions et se consacre à la lutte contre la domination anglaise. En 1922, il prépare une campagne de désobéissance civile ; le mouvement prend de l'ampleur, des émeutes éclatent, on l'emprisonne. En 1931, à Londres, il réclame l'indépendance de l'Inde.

Son prestige s'accroît ; son courage, sa pensée, son humanisme, ses campagnes de jeûne impressionnent. En 1947, il participe aux négociations qui aboutissent à l'indépendance de l'Inde. Indépendance, mais partition : l'Inde (hindouiste) et le Pakistan (musulman) deviennent des États séparés. Pour Gandhi cela représente un échec. Il repart en campagne non violente, tandis que les deux communautés s'affrontent provoquant des centaines de milliers de morts. Le 12 janvier 1948, Gandhi commence un nouveau jeûne pour protester contre la « tragédie spirituelle » qui oppose l'Inde et le Pakistan. Le 30, un fanatique hindou assassine celui qu'on a appelé le *Mahatma* (la grande âme).

Le nom de Gandhi reste lié à la non-violence comme doctrine et comme principe d'action.

En avril 1955, les représentants de 29 États d'Afrique et d'Asie se réunissent à Bandoeng. La conférence « déclare que le colonialisme est un mal auquel il doit être rapidement mis fin, affirme que la soumission des peuples au joug et à l'exploitation étrangers viole des droits fondamentaux de l'homme, affirme son soutien à la cause de la liberté et de l'indépendance de tels peuples »...

(Extraits de la Résolution finale de la Conférence de Bandoeng, 24 avril 1955.)

XII

La faim des hommes

« Le salut de l'homme, dit Rieux, est un trop grand mot pour moi. Je ne vais pas si loin. C'est sa santé qui m'intéresse, sa santé d'abord... Je ne sais ce qui m'attend et qui viendra après ceci. Pour le moment, il y a des malades et il faut les guérir... »

Albert CAMUS, *La Peste*.

En 1789, les Français étaient répartis en trois ordres : clergé, noblesse, Tiers État. Minoritaires, les deux premiers étaient privilégiés. Le reste des habitants constituaient le Tiers État. Mais la réalité sociale était plus complexe. Une partie du clergé était noble, l'autre roturière. De petits nobles de province se trouvaient bien plus pauvres que certains roturiers. Parmi le Tiers État, les bourgeois étaient privilégiés par rapport aux artisans et aux paysans.

L'expression « Tiers Monde » fut employée pour la première fois en 1952 par Alfred Sauvy, par assimilation au terme « Tiers État » de la période révolutionnaire. Mais le « Tiers Monde », l'ensemble des pays peu ou sous-développés, ne se définit pas seulement économiquement. Il introduit une notion géographique, politique, par opposition aux mondes industrialisés de l'Est, avec des États de type socialiste et de l'Ouest, avec des États de type libéral. Quand on parle de Nord et de Sud, il faut entendre d'une part le Nord industrialisé — pays de l'Est et pays occidentaux — et d'autre part, le Tiers Monde — Afrique, Asie du Sud, Amérique latine...

Dans les pays développés, la pauvreté n'a pas complètement disparu, et des inégalités demeurent. Et comme le Tiers État, le Tiers Monde a ses rares privilégiés, et compte des pays pauvres et même très pauvres.

Ainsi, l'écart est considérable entre un Koweit dont le revenu moyen annuel par habitant est de 18 000 dollars et l'Éthiopie où il est de 120 dollars. Soit un rapport de 1 à 150...

Peu peuplé, avec moins de 2 millions d'habitants, le Koweit a un énorme avantage sur l'Éthiopie, où l'on dénombre plus de 33 millions d'habitants, et sur bien d'autres pays : il dispose de 10 % des réserves mondiales de pétrole. Les prix du pétrole ont chuté, mais le Koweit a su investir ses capitaux. Nous trouvons-nous loin du problème des droits de l'homme ? Non. Nous y sommes en plein cœur. Les chiffres sont éloquents :

	médecins	analphabétisme	mortalité infantile
Éthiopie	3 pour 300 000 habitants	85 %	143 p. 1 000
Koweit	540 pour 300 000 habitants	32,5 %	30 p. 1 000

Les visages de la faim

Entre 1846 et 1856, la famine fit 2 millions de morts en Irlande. À la fin du siècle dernier, en Inde, 26 millions de gens moururent de faim. Le monde entier ne pouvait savoir.

En 1943, pendant le blocus des ports du Bengale, la faim fit huit millions de victimes. Le monde était en guerre.

Aujourd'hui, avec les moyens d'informations dont nous disposons, nous ne pouvons prétendre que nous ignorons. Une partie du monde a faim, meurt de faim. Nous le savons.

Les niveaux alimentaires :

% de la population mondiale chiffres arrondis	Niveau alimentaire	Calories par jour et par personne	Protéines animales (en grammes)
20 % 900 millions	Alimentation excessive	3 000 à 5 000	Plus de 50
5 % 200 millions	Alimentation satisfaisante	environ 2 800	environ 40
15 % 700 millions	Malnutrition	2 500 et plus	10 à 20
20 % 900 millions	Malnutrition	environ 2 300	10 à 15
30 % 1 300 millions	Sous-nutrition	environ 2 000	5 à 10
10 % 500 millions	Famine	autour de 1 500	5

(La faim, données actuelles. Dossier établi par le Comité catholique contre la faim et pour le développement - C.C.F.D. n° 85 10.)
(1) Ces chiffres soulignent les inégalités entre Nord et Sud. Ils

Besoins en calories	
Enfant de 1 an	820
Enfant de 7 ans	2 190
Adolescent	2 900
Adolescente	2 480
Adulte homme	3 000
Adulte femme	2 200

essai de répartition (1) mondiale

Pays et régions dont une part importante de la population est concernée par ce régime
Amérique du Nord, Océanie, la majorité des pays d'Europe de l'Ouest, les minorités privilégiées du Tiers Monde. U.R.S.S. et Europe de l'Est (chiffres incertains)
Les personnes qui bénéficient d'une alimentation satisfaisante se rencontrent dans tous les pays ; mais une bonne partie d'entre elles vivent au Japon (120 millions d'habitants)
Les 2 Corées, Turquie, Mexique, Égypte, Brésil
Chine
Inde, Bangladesh
Lieux principaux : Asie du Sud et du Sud-Est (Inde, Bangladesh, Pakistan, Indonésie, Philippines) certains pays d'Afrique et d'Amérique latine

évoluent constamment. Ainsi la Chine de 1984 dépasse le milliard d'habitants ; sa population a presque doublé en 20 ans (574,8 millions en 1965).

La faim, c'est un corps qui s'affaiblit, c'est une croissance retardée, un cerveau qui ne se développe plus. La faim, ce sont des maladies graves qui atteignent des êtres fragiles, des maladies qui ont été vaincues ailleurs. La faim, c'est la mort.

— La *sous-nutrition* frappe ceux qui sont journellement mal nourris.

— La *malnutrition* atteint ceux qui mangent peu d'éléments riches en vitamines, en protéines, en sels minéraux.

139

Elle est cause de rachitisme, d'œdèmes, du béri-béri (provoqué par la consommation exclusive de riz décortiqué).

— La *disette* est intermittente. C'est la conséquence de faibles réserves alimentaires après une mauvaise récolte, et dans l'attente d'une prochaine récolte.

— La *famine,* est une sous-alimentation radicale. Extrême, elle provoque alors la mort par inanition.

Le tableau de la page précédente montre que, dans le monde, sur 100 personnes : 20 sont suralimentées, 5 s'alimentent de façon satisfaisante, 35 se nourrissent mal, 30 sont sous-alimentées, 10 sont victimes de la famine.

La malnutrition touche particulièrement les habitants des bidonvilles, les paysans, les enfants, surtout. Normalement nourrie, une femme grossit d'une dizaine de kilos durant une grossesse, et met au monde un enfant d'environ 3,3 kilos (moyenne fille/garçon). Dans le Tiers Monde, le poids supplémentaire d'une femme enceinte n'excède pas trois à quatre kilos. À la naissance, beaucoup d'enfants pèsent moins de 2,5 kilos. Le fœtus a connu un développement cérébral anormal. On recense donc différentes conséquences de la malnutrition chez l'enfant :

— La kwashiorkor : corps gonflé d'œdèmes ; indifférence à l'environnement ; refus de toute alimentation.

— Le marasme : amaigrissement extrême.

— À cette insuffisance en protéines et à ce déficit en calories s'ajoutent d'autres carences — en vitamines surtout. Le malade doit alors être immédiatement traité, et alimenté par sonde.

— Un affaiblissement de l'organisme, qui devient vulnérable aux maladies parasitaires et infectieuses. Une rougeole ou une coqueluche peut être mortelle.

En 1985, maladies, infections et malnutrition ont entraîné la mort de 17 millions d'enfants et de nourrissons dans le monde.

Selon l'UNICEF, les diarrhées causent aujourd'hui la disparition de cinq millions d'êtres par an.

La démographie

Aujourd'hui, non seulement nous savons, mais nous tentons de prévoir. En 1980, la population mondiale a augmenté de 80 millions d'habitants. En l'an 2000, 6 milliards d'hommes peupleront la Terre. Un siècle plus tard, nos descendants seront entre 10 et 11 milliards.

Depuis Hiroshima, le terme « explosion » a fait son chemin. On parle aujourd'hui encore d'« explosion démographique ». Mais si l'on peut souhaiter de tout cœur qu'un Nagasaki n'ait pas lieu, on peut espérer que l'augmentation de la population ira en décroissant. Le monde ne pourrait supporter la progression qu'il a connue et qu'il connaît encore.

● *Près de 5 millions de personnes sont actuellement menacées par la famine au Soudan, a annoncé, jeudi 13 mars à Khartoum, un porte-parole de l'O.N.U. pour les secours d'urgence à ce pays.*

        (A.F.P., Le Monde, 15 mars 1986. Extraits.)

● *(...) Sur un milliard d'enfants, le quart est mal nourri (...) (...) Le nombre des affamés augmente (...) Certains experts prévoient qu'en 1985 le nombre des sous-alimentés sera de 800 millions.*

        (Les Cahiers français, n° 213, oct.-déc. 1983.)

● *(...) En Éthiopie, 6 millions sur les 33,8 millions d'habitants sont victimes de la famine, et près de 900 000 personnes sont menacées de mort à brève échéance (...).*
(Rome : Déclaration du directeur général de l'O.N.U. pour l'alimentation et l'agriculture. 20 novembre 1983.)

● *50 % de la population mexicaine souffrent de malnutrition, soit 37,5 millions d'habitants, dont 19 millions gravement.*
(La Terre est à nous, *C.C.F.D., opération arc-en-ciel,*
        1986.)

Il faut savoir qu'au rythme de progression de 3,5 — taux d'augmentation de population que connaissent actuellement certains pays du Tiers Monde — un chiffre double en vingt ans, et est multiplié par mille en deux siècles.

Autrement dit, avec un tel taux, un pays de 10 millions d'habitants en 1985 verrait sa population atteindre le chiffre de 20 millions en l'an 2005, et, en 2185, celui de 10 milliards. Notre Terre ne serait plus vivable.

Il faut donc que, progressivement, les taux de croissance démographique de certains pays soient réduits.

Pour certains États, et parmi les plus peuplés — la Chine, l'Inde, l'Indonésie — la fécondité a baissé depuis les années 1960-1970. C'est d'après ces constatations que les experts des Nations Unies ont estimé à 10/11 milliards le nombre de Terriens en 2100.

« **Dans l'ensemble du monde,** même si la population augmente de 50 % dans les vingt années à venir, la production alimentaire elle, devrait s'accroître de 60 %. Il y aurait assez à manger pour tous en l'an 2000 (...). La nourriture n'est pas insuffisante, mais elle est très inégalement et injustement répartie (...) Excepté des cas particuliers (tel le Bangladesh), les « pays de la faim » ne sont pas surpeuplés. Les pays aux fortes densités sont souvent des pays riches qui ignorent la faim (ex. : Pays-Bas, avec 395 habitants par km²)... Au contraire, bien des pays pauvres connaissant la faim sont sous-peuplés (ex. : le Mali, avec 6 habitants au km²).

(Les Cahiers français, n° 213, oct.-déc. 1983,
Croissance des jeunes nations, n° 254, oct. 1983.)

Le scandale

Nous sommes suralimentés, au Nord. Nos maisons sont des boutiques et dans les magasins, les marchandises se trouvent exposées, bien en évidence, en amoncellement de boîtes de conserves. Nos appétits sont démesurés. Nous jetons à la poubelle les reliefs de nos repas qui sauveraient des affamés du Tiers Monde.

Nous ingurgitons entre 3 000 et 5 000 calories par jour, et nous allons consulter des médecins, nous plaignant de ces graisses que nous ne parvenons pas à éliminer, de ces maux que nous nous sommes fabriqués.

Nous sommes des centaines de milliers à assister au départ de rallyes qui traversent l'Afrique. Combien de dollars partent en fumée par les pots d'échappement de camions, de voitures, de motos rivalisant — chacun dans sa catégorie — afin de parvenir triomphant à Dakar ? En Tanzanie, la construction d'un magasin de stockage de denrées alimentaires coûte 30 000 francs. Combien de magasins non construits, qui pourraient l'être avec l'argent ainsi évaporé ?

Avec 500 francs, on creuse un puits, un village se nourrit, en Afrique. Combien de puits non creusés pour un Paris-Dakar ?

Dans nos pays dits développés, un ours en peluche dans la chambre d'un enfant, c'est bien. Cinq ours en peluche pour le même enfant, c'est quatre de trop, c'est un puits que l'on ne creuse pas dans un village du Sahel, par exemple.

Le Nord est en partie responsable. Le Nord gaspille, le Nord pratique la ségrégation alimentaire, économique. Les bonnes terres des pays de la faim produisent, par exemple, du café pour nos après-repas, du tabac pour nos cigarettes. S'il est faux de dire que le Sud alimente le Nord, qui se nourrit principalement de ses productions, avouons que nous acceptons au Sud, dans les pays du Tiers Monde, un système où règnent misère et sous-nutrition.

Les bidonvilles

Les gosses jouent mais le ballon
C'est une boîte de sardines...
                        Claude NOUGARO.

En 1981, d'après les Nations Unies, 800 millions d'hommes se trouvaient dans un état de pauvreté totale. Parmi eux, 200 millions de « bidonvillois ».

Lorsqu'il n'y a plus rien, **plus rien,** que la terre est craquelée par la sécheresse, que reste-t-il à faire, sinon rassembler ses forces, marcher vers la ville.

La ville, c'est l'espoir d'un travail, c'est la proximité de points d'eau, d'installations sanitaires et scolaires. La ville, c'est le progrès. Croit-on.

Le mot « bidonville » a été formé vers 1930, pour désigner ces baraques construites avec des matériaux de récupération, des planches, des tonneaux et des bidons aplatis utilisés pour les cloisons et le toit. Car, pour les pauvres, les logements sont inaccessibles, dans la cité.

Le bidonville, c'est une autre ville qui s'est construite de bric et de broc, une zone misérable de baraques, avec ses règles, ses trafics. Les propriétaires de taudis exploitent des gens sans défense et sans *aucun droit*. Les bidonvilles sont à Manille, à Dakar, à Fez, au Caire, à Istanbul. Ses habitants représentent parfois le quart, quelquefois même la moitié de la population urbaine. La pègre locale fait régner sa loi, celle de la jungle, s'enrichit avec le vol organisé, la prostitution, le trafic de drogue, le travail des enfants.

São Paulo abrite plus de 14 millions de personnes, y compris les 4 millions d'habitants des 37 communes des faubourgs. La ville s'accroît de 500 000 habitants par an. On construit, par an, quelques milliers de logements mais il en faudrait 100 000 et plus. Alors, puisqu'il faut dormir quelque part, les bidonvilles s'assemblent. Mille bidonvilles ont ainsi surgi en dix ans. Dans ces conditions, où sont les droits élémentaires de chaque être humain ? Le droit à la santé, à la sécurité, à une vie décente, à une rémunération équitable et satisfaisante, à une existence conforme à la dignité humaine ? En l'an 2000, la ville abritera l'une des plus vastes concentrations humaines du globe : 22 millions d'habitants...

Les émeutes de la faim

De 1978 à 1983, les 25 millions d'habitants du Nordeste brésilien ont connu une effroyable sécheresse. La mortalité infantile, qui est de 71‰ en moyenne, est passée à 250‰ dans l'État de Ceara. Alors, à ces malheurs ajoutés à la violence et à l'injustice journalières (exploitation des salariés agricoles, paysans expulsés, syndicalistes menacés) les Nordestins ont répondu par des violences. Fuyant la sécheresse ou occupant des villages et des villes de l'intérieur, ils ont pris d'assaut mairies et commissariats et pillé les magasins d'alimentation.

Le 28 mai 1981 à Casablanca, au Maroc, on annonce des hausses de 40 % pour la farine, 50 % pour le sucre, 76 % pour le beurre. Le Parlement demande leur annulation. Les hausses ne sont diminuées que de moitié. La colère populaire éclate ; le pouvoir réprime : plus de 600 tués par balle dont 200 enfants, des emprisonnements massifs, des jugements arbitraires. L'exaspération s'accroît : slogans, injures et jets de pierre fusent. Durant trois jours, du 20 au 22 juin, après que des milliers de manifestants ont déferlé sur Casablanca, la foule des bidonvilles affrontera la police, puis les soldats et les blindés de l'armée royale.

Pour les pays au climat tempéré, 1 litre d'eau par jour et par personne suffit. Pour l'habitant d'une région chaude, 4 à 5 litres d'eau sont nécessaires. 600 millions de personnes sont privées d'accès à l'eau potable.

(C.C.F.D., dossier octobre 1985.)

Aux racines de la faim

Le désert s'étend en Afrique. Les raisons ne tiennent pas qu'au climat. L'homme a sa part de responsabilité. Les pratiques de cultures traditionnelles ont été bouleversées par l'extension de certaines cultures comme celle du coton et de l'arachide et par la multiplication des pâturages. On a défriché, déboisé. Les plantes qui fixaient le sol ont disparu.

Pour le bien-être du colonisateur, des cultures vivrières ont donc été abandonnées, remplacées par des cultures d'exportation. Celles-ci ont souvent été maintenues après la décolonisation. Ainsi, nombre de pays du Tiers Monde exportent des produits agricoles (tels que le soja, le coton et le café) et sont obligés d'en importer d'autres, nécessaires à leur consommation. Selon le F.A.O., les importations de céréales ont doublé en dix ans.

Ainsi produit-on pour exporter. Puis, avec l'argent de ces exportations, on paye des biens d'équipement que l'on importe, on finance son développement... et l'on se trouve contraint de faire venir des aliments que l'on pourrait, dans bien des cas, cultiver sur son propre sol.

Bien sûr, les exportations rapportent des devises mais de moins en moins. Au cours de ces vingt dernières années, le prix réel des produits exportés a progressivement baissé.

Une autre des raisons de « la faim dans le monde » est la répartition très inégale des terres cultivables disponibles : des propriétaires — particuliers ou entreprises transnationales — possèdent d'immenses domaines qui jouxtent des lopins de terre.

« *La fonction principale des colonies* est de fournir un marché sur mesure à la métropole, d'alimenter et d'entretenir son industrie, d'améliorer les profits, les salaires ou le confort matériel de ses habitants. »

Paul LEROY-BEAULIEU, 1874.

La faim, ce n'est pas seulement la désertification et la sécheresse. La faim a des causes économiques, sociales, historiques et politiques.

Bien des gouvernements du Tiers Monde bafouent les droits de l'homme ; certains affectent des fonds publics à des projets grandioses, déplacent de force des populations, détournent les aides humanitaires, utilisent l'arme de la faim. La dictature d'Idi Amin Dada, maître de l'Ouganda de 1971 à 1979, eut des conséquences tragiques : massacres, corruption, luttes tribales ; autrefois florissante, l'agriculture fut désorganisée. Mais la responsabilité de ces despotes n'atténue en rien celle du Nord.

En 1930, non seulement le Tiers Monde produisait assez pour se nourrir, mais il exportait 10 millions de tonnes de céréales. De l'autosuffisance, il est passé à la dépendance. En 1977, l'ensemble des *pays en voie de développement* (sous-développés) couvraient à peine leurs besoins alimentaires minimaux ; les *pays les moins avancés* — les plus pauvres — étaient déficitaires de 8 %. Et les pays développés avaient un surplus alimentaire de 33 %.

Encore une fois, nos voisins laissent leurs enfants mourir de faim. Si nous n'intervenons pas, nous sommes passibles du délit de non-assistance à personne en danger.

(...) *64 % des ventes d'armes* dans le monde se font en direction des pays en voie de développement. « Des pays déjà misérables, constate (...) l'ambassadeur Paul-Marc Henry, s'enfoncent dans des guerres de cent ans, comme l'Éthiopie qui n'a pratiquement pas un seul tracteur, mais dispose de plusieurs divisions blindées et d'une aviation sophistiquée. »

(Actuel Développement, *mai-juin 1984*,
Le Monde, *14 nov. 1984*.)

L'aide alimentaire

Elle est fournie tant par des institutions publiques que privées. Pour 1984, la F.A.O. indique qu'elle s'est montée à 10,4 millions de tonnes. 30 % de cette aide sont gratuits, le reste est vendu aux pays démunis. L'aide alimentaire présente des inconvénients et des avantages :

— Elle peut entraîner des modifications des habitudes alimentaires et créer une nouvelle dépendance ; les gens bénéficiaires d'une aide peuvent devenir des assistés en permanence et se laisser nourrir ; cédée à bas prix, l'aide entre en concurrence avec les productions locales et risque de décourager les agriculteurs : pourquoi produire puisqu'on reçoit des dons de marchandises ? Pourquoi produire si l'on doit vendre à perte ?

Mais l'aide alimentaire est nécessaire, et il faut qu'elle soit massive. Le temps d'assurer aux pays de la faim un répit, une période de transition après laquelle l'autosuffisance alimentaire sera atteinte. Elle permet de satisfaire les besoins immédiats, de vaincre des famines, de donner des forces aux gens qui, affaiblis par la malnutrition, sont incapables de travailler et donc de produire. Dans les pays de la faim, rude est la tâche : à cause de la chaleur, des longues marches qu'il faut faire pour que boive le bétail... Comme tout est plus facile, au Nord.

Certains d'entre nous soupirent : « Ces gens sont paresseux, apathiques. Ils ne font rien. » Que ces suralimentés qui parfois somnolent après un plantureux repas prennent la place, seulement une journée, des gens des pays de la

---

« *Le plus important,* ce n'est pas de nourrir l'Afrique par une aide constamment accrue, c'est plutôt d'aider l'Afrique à produire elle-même ce dont elle a besoin pour *se nourrir...* Il faut aider les Africains à produire et à vendre à des prix rémunérateurs et stables. »

(*Édouard* Saouma, *directeur général de la F.A.O.*)

---

faim. Qu'ils aillent travailler la terre par une chaleur suffocante avec 1 500 calories dans le corps...

Les « opérations triangulaires »

La fraternité, n'est-ce pas aussi agir pour que l'autre devienne lui-même ?

Pour les spéculateurs, toute baisse de production entraîne une forte hausse des prix. Ainsi, certains jouent-ils avec la faim des autres pour leur plus grand profit.

Une opération triangulaire consiste à donner des moyens financiers aux habitants d'un village situé dans une région déficitaire en céréales pour s'approvisionner dans une région voisine où les produits céréaliers sont excédentaires, plutôt que d'avoir recours aux produits européens. De cette manière, la spéculation est évitée et les habitudes alimentaires sont préservées. La région excédentaire profite de cette opération, et la région déficitaire prend un élan économique : une partie des fonds qui lui ont été attribués doit être investie dans un projet de développement. Des paysans se rencontrent, échangent, et c'est autant de gagné pour l'Afrique dont 95 % du commerce se font avec d'autres continents.

« (...) *Est-il par exemple normal qu'au Sénégal la région du Fleuve, par ailleurs déficitaire de mil et de sorgho, produise des légumes qui sont exportés vers l'Europe, alors qu'à 300 kilomètres de là, le Siné-Saloum en manque cruellement et voit ses excédents de céréales pourrir sur place ? Est-il encore normal qu'au Burkina-Faso les paysans de la Volta noire soient obligés d'acheter en Europe des pièces de rechange pour leurs charrues, alors que la région de Kaya, à 200 km de là, forge ces mêmes pièces pour certaines de ses coopératives ?* »

(Alain PECQUEUR, de Frères des Hommes.
Le Monde, 8 mai 1986.)

L'entraide internationale

Des organisations, des États participent à l'aide alimentaire. Ainsi, la Communauté Économique Européenne (C.E.E.) est-elle le deuxième donateur après les États-Unis. Toute son aide revêt la forme de dons (1/3 de céréales, 2/3 de produits laitiers).

Des associations, des groupes, des communautés de base, dans les différents pays du Tiers Monde, agissent avec des moyens souvent modestes pour mettre en valeur des terres nouvelles, améliorer l'habitat, alphabétiser, faciliter l'accès à l'eau potable et défendre les droits de l'homme. Ces groupes se heurtent parfois à l'hostilité des pouvoirs publics des régimes autoritaires, et leurs animateurs peuvent être inquiétés, menacés, voire tués.

Des O.N.G. soutiennent ou s'efforcent de soutenir les initiatives de ces associations, de ces groupes, et de ces communautés de base.

Le temps de l'aide

> Nommez-les. Ceux que vous nommerez
> seront sauvés.
>
> Andrei SAKHAROV.

Le 23 novembre 1980, un séisme d'une violente intensité, aux environs de Naples, fait des milliers de morts et des dizaines de milliers de sinistrés. Dès le lendemain, des membres du Secours populaire français sont sur place avec des tentes. Un avion, puis des camions de matériel d'urgence et de vivres suivent ; 350 tonnes au total.

Au Niger, les trois centres de nutrition de Tassara, Telemces et Dakoro accueillent chacun une centaine de personnes dans un état grave (rapport poids/taille inférieur à 85 %). Des membres de *Médecins sans frontières* assurent les soins.

• *Les équipes mobiles de l'A.I.C.F. ont installé 50 centres nutritionnels dans le sud Kordofan, au Soudan.*

(A.I.C.F. Bulletin n° 4, *1985.*)

• *En Cisjordanie, territoire occupé par Israël, la Cimade et le C.C.F.D., soutiennent les organisations communautaires des villages palestiniens pour la construction d'écoles et de dispensaires, l'installation de citernes, l'aménagement de routes, la mise en place de réseaux électriques et la construction de locaux communautaires.*

(Cimade Informations, *supplément du n° 11, décembre 1985.*)

• *Au Salvador : plus d'un million de personnes ont été forcées de quitter leurs terres, leur maison, leurs maigres biens pour échapper à la peur. Les conditions de vie sont dramatiques : aliments, vêtements, matériel sanitaire, accueil deviennent urgents...*

(*Projet d'aide soutenu par le C.C.F.D., T 513, 86.*)

• *Un puits, et la vie change. L'eau à portée de la main, c'est du temps de gagné et la possibilité de créer un potager (...) Un potager signifie à la fois un rééquilibrage de l'alimentation et la vente sur le marché le plus proche (...). Le Comité français de lutte contre la faim a formé deux équipes de puisatiers (...) condition préalable à une vraie coopération, la population du village groupée autour de son centre de formation de jeunes agriculteurs avait commencé à creuser le sol (...). Les paysans ont ensuite bétonné avec les puisatiers, apprenant par la même occasion une technique nouvelle...*

(*Burkina-Faso,* Actuel développement, *n° 47, 1982.*)

• *En Bolivie, le but est de produire une quantité de 1 500 litres de lait par jour, destinés aux enfants de mineurs qui en sont privés... Sont prévues la construction d'un bâtiment destiné à abriter une salle de traite, et une laiterie...*

(Secours populaire français, *janvier 1986.*)

Au Brésil, *Médecins du monde* participe à la campagne subventionnée par la C.E.E. : campagne de soins et de vaccination en Amazonie auprès de 8 000 Indiens Yanomamis.

Ainsi, des organisations internationales, des O.N.G., travaillent-elles sans relâche pour soigner, alimenter...

Qu'avons-nous à faire, nous, puisqu'elles agissent ?

L'époque est aux sigles. A.I.C.F., M.D.M., M.S.F., C.C.F.D... Ces lettres ne désignent pas des mécanismes qu'animerait un mouvement perpétuel, mais des groupes de personnes luttant pour le respect des droits de l'homme ; ces groupes existent parce que des femmes et des hommes l'ont voulu et le veulent toujours (voir p. 206). Qu'avons-nous à faire ? Les aider dans le combat qu'ils mènent. Les rejoindre, si ce n'est déjà fait. Mêler notre voix aux leurs. Agir.

Quand nous aurons lu cette page, trente enfants seront morts de maladie, d'infection, de malnutrition. Nos greniers regorgent de céréales, et trente enfants sont morts en une minute.

« *La vaccination permettrait* d'éviter la mort de 3,5 millions d'enfants chaque année (...) le chiffre total de victimes a cependant baissé par rapport aux 5 millions d'il y a quelques années. 60 % des enfants dans le monde ont maintenant accès à la vaccination. »
(Dr William FOEGE, « Groupe de lutte pour la survie des enfants », Washington, 31 mars 1986.)

« *L'Organisation mondiale de la santé* s'est fixé comme but de parvenir à vacciner la totalité des enfants dans le monde d'ici à 1990 en luttant principalement contre six maladies : rougeole, tétanos, poliomyélite, diphtérie, tuberculose, coqueluche. »

(Le Monde, *2 avril 1986*.)

L'abbé Pierre. *Henri Grouès, celui que la France entière, puis le monde, va connaître sous le nom de l'abbé Pierre, est né en 1912. C'est en 1954 que l'opinion publique le découvre. L'hiver est dur : — 15°C à Paris, — 30°C en Alsace. En janvier, dans la capitale, des milliers de personnes couchent dehors chaque nuit. Trouver à se loger reste un problème pour beaucoup. Deux drames se produisent. À Neuilly-Plaisance, un nourrisson de trois mois meurt de froid ; ses parents s'étaient réfugiés dans la carcasse d'un autobus. À Paris, boulevard Sébastopol, une femme de 65 ans est trouvée gelée sur le trottoir un petit matin, une notification d'expulsion dans sa poche.*

Alors, l'abbé Pierre — fondateur des communautés d'Emmaüs — lance un appel au secours. Il est entendu. 300 000 lettres arrivent, accompagnées pour la plupart de chèques. Des colis alimentaires, des vêtements affluent par tonnes. Des collectes sont organisées. Des milliers d'ouvriers, d'employés font des heures supplémentaires ; les gains sont versés à Emmaüs. Aussitôt, des centres d'hébergement se créent. Trois stations de métro restent ouvertes toute la nuit.

En 1954, les communautés d'Emmaüs, qui ont déjà cinq ans d'existence, ont fait leurs preuves. Ce qu'a entrepris l'abbé Pierre n'est pas œuvre de charité. « Hommes, debout », demande-t-il. Des baraques ont été construites pour les sans-logis, pas toujours selon les normes en vigueur mais, pour l'abbé Pierre, c'est la loi qui est illégale si des gens sont tellement démunis. À l'administration qui parle de « permis de construire », l'abbé Pierre répond par « droit de vivre ». Ses compagnons d'Emmaüs ? Maçons, menuisiers, chiffonniers. Les uns construisent, les autres font les poubelles, cherchant des vêtements ou ramassant de vieilles fripes pour qu'Emmaüs ait de l'argent. De l'argent pour les pauvres. Bientôt, les pouvoirs publics se rendent compte qu'il est urgent d'entreprendre une nouvelle politique en faveur du logement. Pour leur part, ceux d'Emmaüs ont construit, à la fin des années cinquante, plus de 2 000 logements.

Agir selon nos disponibilités, nos forces, nos compétences, pendant une heure par semaine, une demi-journée par mois, ou davantage. Ce peut être charger avec d'autres du matériel médical et des vivres, accueillir, soigner, réconforter, tenir une permanence, répondre au téléphone, taper une lettre, ou apprendre à lire et à écrire à un immigré. Il y a nos fatigues, réelles, notre travail, notre droit légitime au repos, aux loisirs. Il y a aussi la mort qui frappe 30 enfants par minute, 1 800 dans une heure, 43 200 en une journée... En 1 heure et 37 minutes, c'est comme si disparaissaient les 2 900 habitants de Kaysersberg, patrie du docteur Albert Schweitzer. En un jour et 50 minutes, c'est comme si mouraient les 44 700 habitants de Bayonne, la ville natale de René Cassin. En 10 jours, 11 heures, et 40 minutes, c'est comme si un mal fauchait les 453 000 habitants de Lyon, où naquit l'abbé Pierre.

L'abbé Pierre est un militant des droits de l'homme, un mondialiste fervent. Il n'a cessé, et ne cesse de dénoncer l'injustice, la pauvreté, et le malheur, où qu'ils se trouvent.

Durant l'hiver 1984, il a encore parlé pour ceux qui avaient faim en plein cœur de Paris. Car, comme il est écrit pudiquement dans les livres d'histoire, « des îlots de pauvreté subsistent dans les pays du Nord ».

XIII

Le salaire de la peine

Ce n'est pas une miette de pain, c'est la
moisson du monde entier qu'il faut à la race
humaine, sans exploiteurs et sans exploités.

Louise MICHEL

Si l'on en croit la légende, Romulus et Remus furent
jetés dans le Tibre, et recueillis par une louve. Faustulus,
un berger, éleva les enfants. Rome allait bientôt naître à
l'intérieur du sillon tracé par Romulus, et devenir, plusieurs siècles plus tard, maîtresse d'une partie du monde
connu.

Les enfants des hommes

Au cours du temps, les enfants abandonnés sont recueillis
par des communautés de religieux ou de villageois. Au
XVIIe siècle, Vincent de Paul veut protéger les enfants
qu'on rejette, et crée les maisons d'accueil que gèrent les
Dames de la Charité. Peu avant la Révolution, les enfants
délaissés ont leur refuge à l'hôpital des Enfants trouvés.

En ce temps, la mortalité infantile est effroyable. Dans
cet hôpital, peu avant 1789, elle n'épargne que deux
enfants sur dix. Les nourrices manquent et les maladies
contagieuses font des ravages.

**Tableau 1. Espérance de vie
à la naissance (en années)
dans les pays dont la population est
supérieure à 2,5 millions d'habitants^a (1).**

1.	Japon	76,3	37. U.R.S.S.	68,0	72. Vietnam	55,1
2.	Suède	75,5	38. Venezuela	67,8	73. Birmanie	55,0
3.	Norvège	75,4	39. Chili	67,0	Ouganda	55,0
4.	Pays-Bas	75,1	40. Liban	66,9	75. Tanzanie	53,0
5.	Suisse	75,0	41. Sri Lanka	66,4	76. Haïti	52,7
6.	Danemark	74,5	42. Syrie	66,2	77. Pakistan	52,6
7.	France	74,2	43. Mexique	66,0	78. Inde	51,5
8.	Canada	74,0	44. Malaisie	65,3	79. Zambie	50,8
9.	Australie	73,6	45. Paraguay	65,1	Ghana	50,8
10.	Nouvelle-		46. Salvador	64,8	81. Bolivie	50,7
	Zélande	73,4	47. Corée (Nord)	64,6	82. Nigeria	50,0
	Cuba	73,4	Corée (Sud)	64,6	Indonésie	50,0
	Porto Rico	73,4	49. Colombie	63,6	84. Soudan	49,0
	Italie	73,4	50. Brésil	63,5	85. Cameroun	48,5
	Espagne	73,4	51. Philippines	62,8	Côte d'Ivoire	48,5
	Grèce	73,4	52. République		Madagascar	48,5
16.	États-Unis	73,2	Dominicaine	62,6	Malawi	48,5
	Finlande	73,2	Équateur	62,6	Mozambique	48,5
18.	Royaume-Uni	73,0	54. Turquie	62,5	Togo	48,5
19.	Irlande	72,9	55. Afrique		Zaïre	48,5
20.	Israël	72,7	du Sud	62,4	92. Bénin	48,3
21.	R.F.A.	72,6	56. Thaïlande	62,2	Sierra Leone	48,3
	Bulgarie	72,6	Jordanie	62,2	94. Laos	46,0
23.	Belgique	72,5	58. Guatemala	60,7	Guinée	46,0
24.	R.D.A.	72,4	59. Honduras	59,9	96. Népal	45,3
	Autriche	72,4	60. Tunisie	59,5	97. Centrafrique	44,6
26.	Singapour	71,7	61. Pérou	59,1	98. Yémen (Nord)	43,8
27.	Pologne	71,6	62. Maroc	57,7		
28.	Roumanie	71,3	Libye	57,7	99. Angola	43,5
29.	Portugal	71,1	64. Nicaragua	57,6	Somalie	43,5
30.	Costa Rica	70,9	Algérie	57,6	101. Cambodge	43,4
31.	Hongrie	70,8	66. Irak	57,4	Mali	43,4
32.	Yougoslavie	70,5	67. Égypte	57,1	Sénégal	43,4
	Tchécoslova-		68. Iran	56,0	Burkina Faso	43,4
	quie	70,5	69. Kenya	55,9	Niger	43,4
34.	Albanie	70,1	70. Zimbabwe	55,5	106. Éthiopie	41,9
35.	Argentine	69,9	71. Arabie		107. Tchad	40,8
36.	Chine	69,8	saoudite	55,4	108. Afghanistan	40,5

a. Estimation des Nations Unies pour la période 1980-1985, sauf pour l'U.R.S.S., pour laquelle on a retenu l'estimation de J. Bourgeois-Pichat.

(1) Tableau extrait de l'État du Monde 1985, éd. La Découverte.

Rappelons-nous : pour les entrepreneurs du temps de la révolution industrielle, les enfants sont des ouvriers dociles, d'un coût minime. Des familles consentent à ce que travaillent les enfants, les directeurs des orphelinats acceptent volontiers les demandes patronales ; les charges des établissements s'en trouvent allégées. Le marché de l'emploi est ouvert, pour les enfants des pauvres, les abandonnés. Déjà, des témoins s'émeuvent et dénoncent. Un jour sera proclamée la Déclaration des droits de l'enfant...

« *Ces longs jours de travail* imposé sans interruption à ces pauvres chétives créatures les épuisent, les étiolent, font avorter leurs forces, altèrent leur constitution, et amènent une mort prématurée. Qu'importe ! les industriels ont reconnu que les enfants sont plus souples, ne raisonnent point, et qu'on peut les maltraiter sans nulle crainte. »

(Flora TRISTAN, Promenades dans Londres, *1826*.)

Dans un rapport fait à la Société industrielle de Mulhouse, le 27 février 1827, L.-R. Villermé, médecin et sociologue, écrit : « Ce n'est plus là un travail, une tâche, c'est une torture ; et on l'inflige à des enfants de 6 à 8 ans... »

En France, des lois vont être votées, qui interdiront le travail des enfants en dessous de 8 ans (1841), puis fixeront l'âge d'embauche à 13 ans minimum (1892). Mais ces lois, combien les respectent ?

Aujourd'hui, le code stipule que les enfants ne peuvent travailler avant l'âge de 16 ans, exception faite des travaux légers effectués par les adolescents de plus de 14 ans durant les vacances scolaires. Depuis le 6 janvier 1959, l'instruction est obligatoire jusqu'à 16 ans. Certaines tâches dangereuses sont interdites aux jeunes de 16 à 18 ans, de même que le travail de nuit.

C'est le 20 novembre 1959 que les Nations Unies adoptent la « Déclaration des droits de l'enfant ».

Voici quelques articles de cette importante déclaration :

Principe 4 — (...) « L'enfant doit pouvoir grandir et se développer d'une façon saine ; (...) Il a droit à une alimentation, à un logement, à des loisirs, et à des soins médicaux adéquats. »

Principe 7 — « L'enfant a droit à une éducation qui doit être gratuite et obligatoire, au moins aux niveaux élémentaires (…) »

Principe 9 — (…) « L'enfant ne doit pas être admis à l'emploi avant d'avoir atteint un âge minimum approprié ; il ne doit en aucun cas être astreint ou autorisé à prendre une occupation ou un emploi qui nuise à sa santé ou à son éducation (…) »

Le travail des enfants

Aujourd'hui, des enfants travaillent. Combien sont-ils dans le Tiers Monde ? Aucune organisation ne peut avancer de chiffre précis, mais leur nombre dépasse 50 millions.

Les plus nombreux travaillent dans les campagnes avec leur famille, vont aux champs, gardent les troupeaux et s'occupent du ménage. Quand ces tâches ne sont pas trop prenantes et qu'une scolarité, le plus souvent à mi-temps, est possible, cette période de l'enfance est un apprentissage de la vie. Viendra l'époque de l'adolescence et des travaux véritablement productifs. Alors les ressources familiales seront augmentées. Économiquement, c'est une nécessité absolue.

Il y a loin des textes à la réalité, de la promulgation d'une loi à son application, et même à sa compréhension. Il faut prendre en considération les modes de vie et les coutumes. Pour certains, la scolarisation ne paraît pas toujours nécessaire. Il est naturel que les enfants travaillent. C'est ainsi depuis des générations. L'éducation ? Elle se fait au cœur de la famille, au sein du village.

Au milieu de leurs frères et sœurs, de leurs parents, ces enfants sont « favorisés » en comparaison de ceux qui s'épuisent dans des travaux tels que la cueillette dans des plantations, et qui sont totalement exploités. Seul compte le profit. En Amérique latine, en Asie du Sud-Est, des enfants travaillent pour rembourser une dette, ou pour recevoir de la nourriture ; ils n'ont pas d'autre salaire.

Dans la presque totalité des grandes villes du Tiers Monde, des enfants vivent tant bien que mal de petits métiers, recourent à la mendicité et au vol. En Afrique du Nord, des filles sont embauchées comme domestiques, ou bien confectionnent des tapis en atelier. En Asie du Sud-Est, elles travaillent dans des usines d'assemblage de composants électroniques avec de durs horaires — 10 heures et plus par jour —, et dans des conditions difficiles.

Les activités sont multiples. Des garçons sont employés par des garagistes, des menuisiers, ou travaillent dans des entreprises d'industrie alimentaire. D'autres sont grooms, serveurs. Ici, ils proposent des cigarettes, trimbalent leur matériel de cireurs de chaussures, gardent des véhicules, contribuant ainsi à améliorer l'ordinaire de la famille. Là, des adolescents ont formé de véritables bandes. La rue est à eux. Leur école, c'est la vie. Une dure existence mais ils n'en connaissent pas d'autre. Eurent-ils un jour le choix ?

Bien des employeurs du Tiers Monde, avec le silence complice des autorités, agissent comme nos entrepreneurs de la révolution industrielle. Une main-d'œuvre composée d'enfants se paie moins cher que des travailleurs adultes.

Ces galeries de mines que l'on creuse clandestinement, quel autre corps que celui d'un enfant pourrait mieux s'y couler ? Pour former des colliers, qui a des doigts plus fins que ceux de ces fillettes que l'on rassemble dans des ateliers insalubres, à qui l'on impose de dures journées ? Brutalités, discipline de fer. Parfois, le travail est accompli de nuit.

(...) L'esclavage subsiste dans le monde à une échelle inquiétante. Le groupe de travail de l'O.N.U. sur l'esclavage se réunit du 30 juillet au 30 août pour étudier (...) les faits nouveaux « relevant des pratiques esclavagistes » telles que le travail des enfants, la traite des personnes, le servage, le proxénétisme, les ventes de femmes et d'enfants...

(Le Monde, 1er août 1984.)

---

enfants, mais aussi la situation matérielle de la famille doivent être prises en compte.

Il se passera des années et des années avant que des millions d'enfants du Tiers Monde aillent s'asseoir dans une classe et ouvrent un cahier.

Certes, des enfants participent à la production. Sans leur travail, certains secteurs économiques s'effondreraient et la misère s'accroîtrait. Mais il ne faut pas oublier que, si des enfants sont « moins défavorisés » dans certaines campagnes, d'autres subissent la dure loi des exploiteurs, et se trouvent réduits à l'état d'esclaves.

La grève

> Les ouvriers de cette mine sont généralement des gens émaciés et pâles de fièvre, ils ont l'aspect fatigué et usé, hâlé et vieux avant l'âge, les femmes en général sont blêmes et fanées. Autour de la mine, des misérables habitations de mineurs, avec quelques arbres morts complètement enfumés, des haies de ronces, des tas de fumier et de cendres...
> Vincent VAN GOGH, *Lettre à Théo,*
> Wasmes, avril 1879.

Les pyramides d'Égypte suscitent l'admiration générale. Celles de Giseh sont gigantesques et d'une perfection technique étonnante. Les prêtres ont raconté à Hérodote comment l'on s'y prenait, du temps de Chéops, pour transporter le matériau de construction. Taillés par des carriers dans la montagne arabique, les blocs de pierre étaient traînés jusqu'au Nil où on les chargeait sur des barques. Le fleuve traversé, on les emportait jusqu'à la montagne libyque. Énorme chantier : 2 millions 1/2 de blocs, vingt années de travaux épuisants pour 100 000 ouvriers se relayant tous les trois mois. Pour la gloire et la postérité de pharaon, combien moururent à la tâche ? Nous l'ignorons. Ce que l'on sait, c'est que la première grève connue date de 1500 av. J.-C. Elle eut lieu en Égypte. Les ouvriers esclaves protestèrent, non pas à cause de la dureté de l'ouvrage, mais parce que les vivres manquaient.

Lèse-majesté : pharaon fit massacrer ceux qui avaient osé s'arrêter de travailler.

Mais pharaon a rejoint depuis longtemps le dieu Osiris qui règne sur les morts. Aujourd'hui, en Égypte, comment peuvent être traités grévistes et manifestants ?

---

*La **Loi 2 de 1977** prévoit des peines allant jusqu'à l'emprison-nement à vie avec travaux forcés dans les cas suivants :*
— participation à une grève susceptible de porter préjudice à l'économie nationale (article sept) ;
— organisation d'une manifestation ou participation à une manifestation susceptible de troubler l'ordre public (article huit).
(Amnesty International. Égypte : la loi viole les droits,
février 1983.)

Premier mai

Pour davantage de pain, pour une trêve dans le travail quotidien, des gens ont protesté contre les conditions qui leur étaient faites. Maçons, terrassiers, ouvriers agricoles payèrent de leur vie l'affront qu'ils avaient fait au prince.

Au XIIIᵉ siècle, en France, les coalitions furent considé-rées comme des délits. Et le bailli de Rouen promulgua une ordonnance interdisant aux ouvriers de s'assembler.

C'est en Grande-Bretagne que le syndicalisme prendra forme. En 1720, plus de 7 000 ouvriers tailleurs forment une *Union* pour demander au Parlement une augmentation de salaire, et la diminution d'une heure par jour de leur temps de travail. Les couteliers les imitent, puis les ouvriers de la laine. Ce ne sont pas là des révoltes. Elles naîtront plus tard, avec l'installation des machines.

En France, la liberté de constituer des syndicats existe depuis 1884 — loi du 21 mars — plus d'un demi-siècle après que les ouvriers britanniques eurent reçu, en 1825-1826, le droit d'association.

L'article 5 de cette loi stipule que : les syndicats professionnels régulièrement constitués pourront librement se concerter pour l'étude et la défense de leurs intérêts économiques, industriels, commerciaux et agricoles.

Cette même année 1884, aux États-Unis, le congrès de la Fédération des syndicats lance un mot d'ordre : « À partir du 1er mai 1886, la journée légale de travail sera de 8 heures. »

Appel entendu. Au jour annoncé, dans tous les États, plus de 300 000 ouvriers quittent leur lieu de travail. À Chicago, 80 000 travailleurs manifestent sans incident dans Michigan Avenue. Le lundi 3, des heurts se produisent entre grévistes et « jaunes » — épithète attribué aux non-grévistes par les grévistes — devant l'usine Mc Cormick. Arrivés sur les lieux, les policiers répliquent aux jets de pierre des grévistes par des coups de feu. Deux personnes sont tuées.

Le lendemain soir, à la fin du meeting de protestation, un objet est lancé sur les policiers : explosion, panique. Les policiers tirent. Bilan : sept morts pour la police (une seule victime de la bombe ; les autres ont été tués, dans l'affolement, par leurs collègues), et au moins sept morts parmi les ouvriers.

Huit personnes seront jugées, sans que la participation de ces ouvriers à l'attentat ait pu être prouvée. L'accusation soutient qu'il y a eu complot et que les huit sont coupables. Or seulement deux d'entre eux se trouvaient sur les lieux du meeting ; bien en vue de la police et de la foule (ils étaient orateurs), ils ne pouvaient avoir jeté la bombe. Sept condamnations à mort et une peine de quinze ans de prison, tel est le verdict.

Le 11 novembre 1887, quatre hommes sont exécutés. La veille, la peine de deux des condamnés a été commuée en prison à vie. La veille également, Louis Lingg, l'un des condamnés, a allumé son dernier cigare. Explosion, encore. Le cigare que lui avait fait remettre un ami était bourré de dynamite...

Juste avant que la trappe ne s'ouvre, Spies, l'un des quatre, prononce ces quelques mots, qui seront gravés sur le monument « les martyrs de Chicago » érigé en 1893, l'année où les quatre hommes seront réhabilités : « Le jour viendra où notre silence sera plus puissant que les voix que vous étranglez aujourd'hui. »

En France et dans d'autres pays du monde c'est le drame de Chicago que l'on commémore, chaque premier mai.

Des femmes et des hommes ont lutté. Des progrès sociaux ont été arrachés par l'action des organisations ouvrières. Réduction du temps de travail, protection contre les accidents, obligation de verser des indemnités aux victimes, indemnité du chômeur garantie par le droit du travail, protection des travailleurs à domicile.

Après la saignée de la Grande Guerre, la durée journalière du travail est réduite à huit heures en France, en avril 1919. La loi sur les assurances sociales entre en vigueur en 1930, et celle sur les allocations familiales est promulguée en 1932.

1936. L'explosion sociale

Imagine
Sous leur parasol les rentières
Alfred en tenue ouvrière
Ébloui regardant la mer.
Christian DENTE, *Voyage à Dieppe,* chanson.

1936 : la Gauche regroupée en « Front populaire » l'emporte aux élections. En province, à Paris, travailleurs des commerces et des industries se mettent en grève, occupent les locaux, y campent la nuit, protègent matériel et machines, organisent des bals pour se distraire. Le Front

(d'après HERGÉ) PLANTU

populaire n'a-t-il pas promis « le pain, la paix, la liberté » ?
On attend. En juin 1936, après une vague de deux mois de
grèves, Léon Blum entre en fonction. En moins de trois
mois, son gouvernement va réaliser une œuvre conforme
au programme du « Front popu ».

Le 7 juin, les dirigeants nationaux de la Confédération
Générale de la Production Française (C.G.P.F.) et ceux de
la Confédération Générale du Travail (C.G.T.) signent les
« Accords de Matignon » qui prévoient :

— une hausse des salaires entre 7 et 15 %,

— la reconnaissance de la liberté d'action syndicale dans
les entreprises,

— l'élection, dans tous les établissements de plus de dix

169

salariés, de délégués d'atelier chargés de défendre les revendications du personnel.

Tout de suite après, des lois sont votées :

— deux semaines de congés payés annuels, obligatoires,

— une durée de travail hebdomadaire abaissée de 48 à 40 heures sans diminution de salaire (à dater du 1er janvier 1937),

— la liberté d'action syndicale dans les entreprises,

— des conventions collectives entre chefs d'entreprises et syndicats qui fixeront désormais dans chaque branche des salaires minima,

— la scolarité obligatoire est portée de 13 à 14 ans.

Droit aux loisirs, au repos : pour la première fois, des milliers de travailleurs fuient la grisaille quotidienne grâce aux billets de chemins de fer à tarif réduit, ou en cyclotouriste. Ils découvrent les joies de la montagne et des plages. De toutes les réformes, celle qui provoquera le plus d'acrimonie dans la bourgeoisie, c'est ce droit aux loisirs. Désormais, il va falloir partager les grains de sable.

Aujourd'hui, on défile chaque 1er mai — fête du travail, journée symbolique qui rappelle à l'opinion publique le respect dû aux droits fondamentaux des travailleurs. Les rangs sont plus ou moins serrés. On ne défile pas partout de la même manière. On ne défile pas partout.

Joie d'entendre, au lieu du fracas impitoyable des machines, de la musique, des chants et des rires… Joie de passer devant les chefs la tête haute… Joie de vivre parmi ces machines muettes, au rythme de la vie humaine… Bien sûr, cette vie si dure recommencera dans quelques jours. Mais on n'y pense pas… Enfin, pour la première fois et pour toujours, il flottera autour de ces lourdes machines d'autres souvenirs que le silence, la contrainte, la soumission.
(*Simone* WEIL, La Révolution prolétarienne, *10 juin 1936.*)

Des manufactures textiles de Manille à l'usine d'embouteillage Coca-Cola au Guatemala, du Triangle du Vaal de Johannesburg aux chantiers navals de Gdansk, la presse ne cesse ou n'a cessé de se faire l'écho de revendications, de grèves, de manifestations, d'émeutes. Les *premier mai* sont différents selon l'endroit où l'on travaille.

Des hommes et des femmes sont menacés, bâillonnés, arrêtés, torturés, assassinés. Tout simplement pour avoir défendu leur droit au travail, leur droit à la dignité, leur droit à la liberté d'association.

L'Organisation Internationale du Travail (O.I.T.) : Son but est d'élever le niveau des conditions de travail et de vie dans le monde. Ses préoccupations se situent dans des domaines tels que : horaires de travail, prévention du chômage, protection de la santé des travailleurs et liberté syndicale. À la différence des autres organisations intergouvernementales, elle a une structure tripartite : chaque pays membre est représenté à la Conférence internationale du travail (instance suprême de l'O.I.T.) ainsi qu'aux autres instances de l'organisation, par deux délégués du gouvernement, un délégué des employeurs, et un délégué des travailleurs.
— La commission d'experts étudie la mise en œuvre des conventions internationales dont l'O.I.T. est à l'origine.
— Le Comité pour la liberté syndicale examine trois fois par an les plaintes contre des violations dans le domaine qui est le sien. Les plaintes ne peuvent émaner que des syndicats de travailleurs ou d'employeurs, ou des gouvernements.

● **En Corée du Sud**, Song Jin-Sup et Lee Sang-Don ont été inculpés aux termes de la loi sur la sécurité nationale pour avoir écrit : « Le chômage n'est pas la faute des ouvriers mais est un fait inévitable dans une société capitaliste », titre d'un article paru dans le journal des ouvriers, publié par la Mission urbaine et rurale dans une banlieue de Séoul ; sans être à proprement parler un syndicat, cette Mission aide depuis dix ans les ouvriers (en particulier les jeunes ouvrières d'origine rurale) en leur expliquant leurs droits, en déposant des plaintes en leur nom devant les tribunaux du travail. Plus de 70 syndicalistes ont été arrêtés en 1985.

● **Au Salvador**, le 1ᵉʳ mai 1985, on retrouvait les corps criblés de balles de deux syndicalistes de la Compagnie des Eaux détenus brièvement dix jours plus tôt.

● **Au Guatemala**, Edgar Fernando Garcia, permanent syndical, a « disparu » depuis le 18 février 1984. Il aurait été arrêté pour avoir manifesté son soutien aux ouvriers de Coca-Cola qui avaient décidé d'occuper les locaux de l'usine de la Cavisa à la suite de l'annonce de sa fermeture. E.F. Garcia travaillait dans cette usine.

● **En Tchécoslovaquie**, Jiri Wolf est toujours emprisonné. Depuis 1978, sa vie n'est qu'une suite d'arrestations et de condamnations. Sa dernière arrestation date du 17 mai 1983 ; le tribunal de Prague l'a condamné à six ans de prison pour « subversion ». On lui reprochait d'avoir fourni à l'ambassade d'Autriche à Prague des informations sur les conditions de détention dans les prisons tchèques.

● **En Pologne**, Impression et diffusion de publications non officielles. Discussion au sein d'une association clandestine en vue d'un appel à une grève de 15 minutes... désobéissance à la police pendant le défilé du 1ᵉʳ mai à Varsovie... quelques motifs parmi d'autres, qui ont entraîné la condamnation de nombreux syndicalistes polonais à des peines de 3 mois à 3 ans et demi de prison depuis juillet 1984 (...).

（Amnesty International, appels du 1ᵉʳ mai 1986.）

« Solidarnošc »

Depuis 1947, le Parti ouvrier unifié polonais, devenu parti unique, domine le pays. En 1952, une nouvelle constitution a fait de la Pologne une « démocratie populaire ». Dans son immense majorité, le peuple polonais est hostile au communisme qu'on lui a imposé.

28 juin 1956 : la résistance polonaise au régime prosoviétique prend la forme d'une grève à Poznan ; 15 000 ouvriers se soulèvent. L'armée réprime. Face à l'esprit de révolte qui gagne le pays, une politique de détente est pratiquée pour un temps. Mais le dogmatisme autoritaire du pouvoir va peser à nouveau sur la vie polonaise. En décembre 1970, suite à une hausse massive des prix sur les produits alimentaires, des émeutes éclatent à Gdansk, Gnynia, Szcezin. La violence militaire vient à bout des révoltes. Comme à Poznan, la répression a fait des dizaines de morts, des centaines de blessés. En septembre 1976, en réponse à la violente répression d'une révolte en juin, un comité de défense des ouvriers — le K.O.R. — est formé par des intellectuels. Il aide à la fondation de syndicats libres en 1978. Apparaissent une multitude d'associations

---

« *L'employée qui m'a licenciée m'a dit :*
— C'est terrible ce qu'on vous fait. J'ai dû prendre deux valium pour vous donner ce licenciement.
Je lui ai demandé :
— Alors, pourquoi le faites-vous ?
— Si je ne le fais pas, je serai licenciée, me dit-elle. Et celui qui viendra après le fera.
— Alors, cet autre n'a qu'à ne pas le faire non plus. Il faut arrêter de le faire. Ils ne vont quand même pas licencier tout le monde. Pourquoi les gens ne comprennent-ils pas ça ? »
Anna WALENTYNOWICZ *(interviewée par Hanna Krall),*
11 janvier 1981.

— illégales — culturelles, éducatives et politiques. Un courant de liberté traverse la société. L'Église, les intellectuels, les ouvriers expriment de plus en plus fort les valeurs de l'autre Pologne, non officielle — quasiment tout le pays.

D'août 1980 à décembre 1981, l'extraordinaire explosion d'un mouvement démocratique va mobiliser des millions de gens. Grèves et mouvements revendicatifs (à partir de juillet 1980) vont amener le gouvernement à signer le 31 août avec les grévistes les « Accords de Gdansk », document en 21 points qui ne fait que réclamer des libertés essentielles telles que : la reconnaissance de syndicats libres, indépendants du parti et des employeurs ; le respect du droit de grève, des libertés d'expression, d'impression, de publication ; la libération des prisonniers politiques...

Le 10 novembre, Solidarité — *Solidarnošc* — est enfin enregistré. C'est une union à caractère fédératif de 35 syndicats indépendants, sous la présidence de Lech Walesa.

Au cours des mois qui vont suivre, Solidarnosc va remporter pacifiquement des victoires : trois samedis libres sur quatre ; semaine de cinq jours ; légalisation des organisations paysannes... Tout un peuple se reconnaît dans Solidarité, s'identifie à Solidarnosc qui va compter plus de dix millions de membres.

À son premier congrès, en septembre 1981, des résolutions sont adoptées, demandant un référendum sur l'autogestion, des élections libres, invitant les travailleurs des autres pays socialistes à suivre l'exemple de leurs camarades polonais.

Le 13 décembre 1981, le général Jaruzelski proclame « l'état de guerre ». Les cadres de Solidarnosc sont arrêtés. Toutes les libertés fondamentales, patiemment, pacifiquement conquises, sont brutalement suspendues après cinq cents jours d'un immense espoir.

D'août 1980 à décembre 1981, l'extraordinaire explosion d'un mouvement démocratique va mobiliser des milliers de gens.

XIV

Nos inégalités

Apprends-moi à pleurer, à crier de colère
Devant les injustices, rendues si familières
Que je baisse la tête, en disant c'est la vie.
Montre-moi la vraie vie...
                    Sabine BELLOC, *Baby blues,* 1978.

Nos différences nous enrichissent. Nos inégalités sont insupportables ; elles constituent un scandale permanent.

Êtres humains, notre peau est foncée si nous sommes natifs du Congo ; notre teint est clair si nous naissons en Suède. Raciste est celui qui trouve l'un supérieur à l'autre, qui fait de cette différence une hiérarchie.

Dans l'enseignement du second degré, les Suédois sont scolarisés à 85 % tandis que 43 Congolais sur 100 sont analphabètes. Comment qualifier celui qui nierait que de telles inégalités existent, ou qui serait indifférent à ce qu'elles se perpétuent ?

% des enfants d'ouvriers par rapport au total des étudiants et étudiantes des universités				
	1960	1970	1975	1978
R.F.A.	5	12	15	16
France	6	12	13	13
Suisse	5,5		11	11,5

étaient sans qualification et prêtes à accepter n'importe quel travail.

Un chef d'entreprise de la Loire cherchait une personne pour faire du nettoyage. Il a reçu 163 candidatures.

En septembre 1984, à l'A.N.P.E. du Rhône, sur 100 chômeurs inscrits, 47 ne touchaient aucune indemnité, 25 avaient moins de 1 600 francs par mois. (Bulletin de l'UNEDIC, janvier 1985). En 1983, parmi 72 familles suivies par l'U.D.A.F. de Haute-Savoie, 40 avaient moins de 40 francs par jour et par personne.

Les travailleurs immigrés

> Je m'appelais comment déjà ?
> José ? Abdel ? Argentinos ?
> Arabica ? Jan Patocka...
>
> GÉBÉ, *Casse-têtes*.

Après la Seconde Guerre mondiale, les principaux pays d'Europe occidentale accueillent de nombreux travailleurs immigrés. Dans les usines, les machines tournent à plein régime, les autoroutes et les immeubles se construisent. Nous avons besoin de main-d'œuvre. Nombre d'immigrés viennent d'Italie, d'Espagne, du Portugal. Beaucoup arrivent d'Afrique du Nord, d'Afrique noire, de Turquie. Certains sont embauchés par les anciennes puissances coloniales, d'autres sont recrutés « sous contrat » par des employeurs ou des agences d'État. Arrivent aussi des réfugiés politiques fuyant la dictature exercée par certains militaires du Tiers Monde.

Ils travaillent à la chaîne, ils sont manœuvres et leur présence permet aux patrons de juguler l'augmentation des salaires dans la catégorie du travail manuel non qualifié. Ils contribuent à l'accroissement de *notre* richesse, ils permettent que des « nationaux » accèdent à des emplois dans le tertiaire, mieux rétribués, moins pénibles.

Où logent-ils ? Dans des immeubles vétustes, des pièces

inconfortables, à plusieurs dans une même chambre (logés par les « marchands de sommeil », propriétaires sans scrupules). Leur univers ? Le monde bruyant de l'usine, l'insupportable odeur du goudron brûlant, le ramassage des ordures ménagères, les chantiers, et, souvent, le bidonville.

Ce n'est pas tout. Au travail, il y a les petits chefs, les brimades. Au travail et au-dehors, il y a le mépris et les injures, le racisme quotidien. Des mots blessent à tout jamais. Parfois, les balles tuent. En France et dans d'autres pays européens, les témoignages accablants abondent :

● Juin 1981. Dans un petit village de la Meuse, des travailleurs immigrés turcs sont pris à partie par une famille raciste. Bilan : 1 mort, plusieurs blessés.

● À Pau, un café refuse de servir à boire à des étudiants marocains. (*Cahiers de la Licra,* novembre 1981.)

● Deux engins ont explosé le samedi 3 mai vers 0 h 45 à Marseille. Le chauffeur d'une patrouille de police a été légèrement blessé (...). Dans un appel téléphonique à l'A.F.P., un inconnu a affirmé que l'attentat était l'œuvre de commandos de France contre « l'invasion maghrébine » (*Le Monde,* 5 mai 1986.)

● (...) Pourtant, la Belgique a voté en juillet 1981 une loi antiraciste. Quinze ans après tout le monde, il est vrai, et de justesse, c'est vrai aussi. Aujourd'hui, cette loi n'aurait absolument plus aucune chance de passer. (*Libération,* 18 mars 1982.)

● La communauté antillaise — 600 000 Noirs vivant en marge des grandes villes — est la principale victime du racisme rampant de la société britannique. Une poudrière qui risque d'exploser (...). À Londres, à Liverpool, à Birmingham, la délimitation des villes en zones noires et en zones blanches est très stricte... (*Le Monde,* 8 novembre 1985.)

Arrive 1974 et le choc pétrolier. L'immigration est stoppée. En quelques années, le chômage va s'accroître considérablement, atteindre puis dépasser les deux millions de chômeurs...

Au travail et au dehors,
il y a le mépris et les injures,
le racisme quotidien.

Qui est principalement touché ? En Grande-Bretagne, le chômage global double entre 1973 et 1980, mais le nombre des chômeurs noirs quadruple. En Allemagne fédérale, les jeunes étrangers de la « seconde génération » ont peu de chances d'obtenir un travail correct ou une formation professionnelle, et le taux de chômage est considérable (50 % dans bien des endroits).

Face à la crise, des hommes politiques et des médias rejettent la responsabilité du chômage et des tensions urbaines sur les minorités ethniques en expliquant que des immigrés sont venus avec leur famille, que des familles les ont rejoints... Regain de racisme : on désigne les coupables du doigt. Nos racistes s'offusquent, avancent des solutions simplistes, des attrape-nigauds dans lesquels viendront tomber bien des électeurs. Que disent-ils ? « Deux millions de chômeurs = deux millions d'immigrés en trop ! » Ceci n'est pas un raisonnement, mais une grossière propagande, imbécile et raciste.

Mais peu importe à nos racistes que l'invraisemblance d'une telle affirmation ait été démontrée dans un rapport officiel.

Nos racistes avancent des solutions simplistes.

Ils ont d'autres slogans : « Chômage, insécurité = immigration. » « Terrorisme = immigration. » Pour eux, le mélange des cultures apporte conflits et décadence. Pour eux, l'expulsion en masse des minorités préservera « notre » culture.

À ces incendies, il y a nos contre-feux : la Marche pour l'égalité a rassemblé 100 000 personnes de toutes origines à Paris en 1983. Et le 1er décembre, Convergence 84 réunissait, toujours à Paris, environ 40 000 manifestants.

Mais que ces périodes de grande fraternité, ces fêtes d'un jour, ne nous masquent pas les réalités. Notre vigilance doit être permanente. Dans plusieurs pays, la mise en œuvre d'une législation favorable aux droits des minorités s'est vue gravement compromise, et l'on veut redéfinir, à la fois, les conditions d'entrée, de séjour, et d'expulsion des étrangers. Inquiètes, les associations de défense des droits de l'homme se mobilisent. Les portes de leurs permanences nous sont ouvertes.

Le 23 septembre 1985, le président de la République a inauguré, à Paris, le musée Picasso. Dans l'hôtel Salé, le public peut découvrir une fabuleuse collection.

Né à Malaga (Espagne), mort à Mougins (France), Pablo Picasso était un immigré. Giacometti, Chagall, Marie Curie étaient aussi des immigrés.

Les femmes

Si nous sommes femmes dans le Tiers Monde, peut-être devrons-nous nous lever dès 4 heures, marcher longtemps avec de lourdes charges sur la tête. Nos journées seront de 16 heures : corvée de bois, d'eau, travaux agricoles, préparation des repas, soins des enfants. Autrefois, les hommes participaient à la culture des céréales. L'introduction des cultures de rente dont ils s'occupent a donné aux femmes un surcroît de travail ; elles doivent assurer seules la culture de produits vivriers, et, souvent, aider les hommes dans leur tâche.

Si nous sommes fillettes dans un pays où l'on pratique la mutilation sexuelle (rite en vigueur dans une partie de l'Afrique, mais aussi à Oman, dans le Yémen du Sud, aux Émirats Arabes Unis, en Indonésie, en Malaisie) nous pourrons être excisées (ablation totale ou partielle du clitoris et des petites lèvres) ou être soumises à l'infibulation (excision du clitoris, des petites lèvres, tout ou parties des grandes lèvres recousues les unes sur les autres pour ne laisser qu'un très petit orifice au-dessus du vagin).

Aucune religion, aucune législation n'impose ces pratiques. Faite sans anesthésie, l'opération a des effets tels que l'hémorragie qui peut être fatale, des infections chroniques, des complications obstétriques entraînant la stérilité.

Le nombre des femmes dans le monde est très légèrement supérieur à celui des hommes, mais les femmes ont presque toujours vu leurs libertés et leurs droits bafoués.

En Angleterre, Mary Wollstonecraft publie en 1792 son manifeste féministe *les droits de la femme,* réclamant l'instruction et la reconnaissance des droits civiques et politiques pour les femmes. La première Convention des droits de la femme sera organisée dans l'État de New York, à Seneca Falls ; 260 femmes et 40 hommes se prononcent pour l'égalité des droits de la femme et pour son droit au vote.

En 1903, l'Union sociale et politique des Femmes passe à l'action brutale : bombes, meetings, grèves de la faim, incendies de bâtiments publics. En 1928, l'égalité des droits civiques entre homme et femme est approuvée par les Communes.

Ce n'est qu'en 1944 que le droit de vote sera accordé aux Françaises. C'est seulement en 1965 qu'elles obtiendront le droit de travailler sans le consentement de leur mari. Pour chaque droit obtenu, des années de combats farouches. Durs et longs seront ceux des femmes africaines.

« ...Les femmes font presque les 2/3 des heures de travail, et ne reçoivent que « 1/10 des revenus du monde ; et elles possèdent moins de 1 % des biens de la planète... »

(O.N.U. Rapport 1985.)

● *74 millions de fillettes et de femmes ont subi des mutilations sexuelles (...) le groupe de travail de l'O.N.U. admet que « étant donné que ces pratiques sont infligées de force à des enfants, il s'agit d'une violation flagrante de leurs droits tels qu'ils sont reconnus par la Déclaration universelle des droits de l'homme ».* (Le Monde, *10-04-1985.*)

● *... Des programmes de recherche et d'éducation sur l'excision ont été mis sur pied à Djibouti, en Égypte (où l'excision est interdite) au Ghana, au Libéria, au Mali, au Sénégal, en Sierra Leone, en Somalie, au Soudan et au Togo. Ces actions sont soutenues par l'O.M.S. et par l'UNICEF. L'action la plus remarquable est celle des intéressées elles-mêmes, les femmes africaines, qui luttent pour ce qu'elles considèrent comme leurs droits fondamentaux et ceux de leurs enfants...* (Le Monde, *6-03-1986.*)

Les Gueux

Nous sommes tous responsables de tout et
de tous devant tous, et moi plus que tous les
autres.

DOSTOÏEVSKI.

En 1948, la Déclaration universelle est adoptée. Pendant
des années, la barbarie a été totale, le monde à feu et à
sang. Des femmes et des hommes se sont dit : « plus
jamais cela ». Et ce furent le préambule, la proclamation,
les trente articles qui nous sont familiers. Liberté, dignité,
raison, conscience, esprit de fraternité, paix.

Lors de la guerre du Viêt-nam, sont tombées bien plus
de bombes que durant le second conflit mondial. La faim
creuse le corps de millions d'êtres. Des gens sont rejetés
parce que leur peau est noire. On drogue pour les torturer
des personnes qui cherchaient à émigrer.

La liberté à peine conquise ou regagnée, des peuples se
sont retrouvés prisonniers, représentés par les élus d'un
parti unique. Oscar Romero, archevêque de San Salvador,
a été assassiné le 24 mars 1980 alors qu'il célébrait la
messe dans la cathédrale ; proche des pauvres, ennemi de
la junte au pouvoir et de son allié américain, cet homme se
savait menacé. « On peut me tuer, mais on ne fera pas
taire la voix de la justice », disait-il le 23 mars, la veille de
sa mort.

En Iran, on persécute la communauté baha'ie, on
torture, on assassine ses membres qui vivent selon des
principes d'égalité et de démocratie ; leur seul crime est
d'exister. À Tripoli, au Liban, en novembre 1984, une
jeune employée de maison cinghalaise non musulmane,
accusée d'avoir « incité à la débauche » un milicien du
Tauhid, le mouvement de cheikh islamiste Saïd-Chaabane,
a subi son supplice — soixante coups de fouet — les yeux
bandés, en plein centre de la ville ; elle est morte peu après.

Nous sommes entrés dans les temps modernes avec perte et fracas. La fracture entre le monde ancien et le monde nouveau est récente. Elle s'est produite à Hiroshima. Pour la première fois dans l'Histoire, une espèce est capable de détruire la planète. Nous appartenons à cette espèce, nous faisons partie de cette civilisation. Au fond des mers rôdent les Nautilus du XXe siècle, sous-marins lance-missiles stratégiques ; fusées Pershing et S.S.20 se font face, la menace est nucléaire et nous risquons un Tchernobyl planétaire. Nous avons mis en place des systèmes de sécurité, de défense et d'attaque qui nous font peur. Nous payons chèrement, avec des angoisses, le prix de notre paix. Mais la guerre, depuis la fin du second conflit mondial, a-t-elle véritablement cessé ? À elle seule, la guerre de Corée (1950-1953) a causé la mort et les blessures de deux millions et demi de personnes.

En 1984, près de la moitié des pays du monde détenaient des prisonniers d'opinion. Le 11 juillet 1985, Fanine Goduka, onze ans, enfant noir d'Afrique du Sud, était arrêté sur le chemin de l'école par des policiers ; des aveux arrachés permettaient aux autorités de l'inculper pour « violence publique » ; finalement acquitté après deux mois de préventive, Fanine est l'un des 2 000 enfants de moins de seize ans à avoir connu l'arrestation et la prison pendant l'état d'urgence — levé le 7 mars 1986, et à nouveau rétabli le 14 juin.

En Chine, la Révolution culturelle a, durant plusieurs années, bouleversé la société ; des millions de familles auront été humiliées, emprisonnées, déportées. La « Grande Révolution culturelle prolétarienne » lancée par Mao en 1966 aura fait entre un et deux millions de victimes.

À Damas, en Syrie, vit Aloïs Brunner, sous le pseudonyme de Georg Fisher. Par deux fois, la R.F.A. a demandé son extradition. Sans résultat. Secrétaire d'Eichmann à la centrale anti-juive à Vienne, directeur du camp de Drancy où il fit régner un régime de terreur, Brunner a sévi en Autriche, en Allemagne, en France, en Grèce. Il est responsable de la mort de 100 000 Juifs, et fut condamné à mort par contumace en mai 1954 par le Tribunal Permanent des Forces Armées de Paris. Aujourd'hui, en 1986, il est toujours libre...

Il y a notre confort, nos libertés, et ces pays où l'on torture, cette eau qu'il faut aller puiser à des kilomètres. Il y a nos droits de l'homme et l'analphabétisme, les bidonvilles, le travail des enfants, les trois millions de réfugiés afghans au Pakistan depuis l'invasion, par les troupes soviétiques, de l'Afghanistan en décembre 1979.

Il y a ces enfants qui, par manque de nourriture, par faute de soins, meurent. Trente enfants meurent par minute, dans le monde.

Si nous fermions les yeux, si nous étions sans colère, ce serait comme si nous déchirions la Déclaration universelle. Mais comment pourrions-nous ne pas penser à Andrei Sakharov, exilé à Gorki, à ces femmes inconnues et proches, mères de la place de Mai, réclamant leurs enfants disparus ? Et comment pourrions-nous oublier Jean-Paul Kauffmann et ceux d'Antenne 2 ? Penser seulement ? Ne pas oublier ?

Des milliers et des milliers de gens agissent. Inlassablement. Avec détermination. Ni héros ni aventuriers, membres de vastes mouvements ou de comités de quartier, ils luttent contre la faim, le racisme, l'arbitraire, pour le développement d'un village, davantage de justice, la dignité de la personne humaine. Ce ne sont pas là mots creux prononcés à une tribune, mais des actes accomplis par des hommes et des femmes. Leurs combats sont les nôtres.

Les droits de l'homme, c'est une affaire d'une extrême gravité, une question vitale, un effort constant, une attention permanente. Pour l'autre et pour soi-même. Car rien n'est définitivement acquis.

Alors, être vigilant, agir, vivre journellement une solidarité. Et, tout en sachant qu'il y a des victoires et des défaites, être avec ceux qui luttent pour le respect des droits, ces Gueux chers à Joris Ivens.

Art. 7. - Nul homme ne peut être accusé, arrêté ni détenu que dans les cas déterminés par la loi et selon les formes qu'elle a prescrites. Ceux qui sollicitent, expédient, exécutent ou font exécuter des ordres arbitraires doivent être punis ; mais tout citoyen appelé ou saisi en vertu de la loi doit obéir à l'instant : il se rend coupable par la résistance.

Art. 8. - La loi ne doit établir que des peines strictement et évidemment nécessaires, et nul ne peut être puni qu'en vertu d'une loi établie et promulguée antérieurement au délit, et légalement appliquée.

Art. 9. - Tout homme étant présumé innocent jusqu'à ce qu'il ait été déclaré coupable, s'il est jugé indispensable de l'arrêter, toute rigueur qui ne serait pas nécessaire pour s'assurer de sa personne doit être sévèrement réprimée par la loi.

Art. 10. - Nul ne doit être inquiété pour ses opinions, même religieuses, pourvu que leur manifestation ne trouble pas l'ordre public établi par la loi.

Art. 11. - La Libre communication des pensées et des opinions est un des droits les plus précieux de l'homme ; tout citoyen peut donc parler, écrire, imprimer librement, sauf à répondre de l'abus de cette liberté dans les cas déterminés par la loi.

Art. 12. - La garantie des droits de l'homme et du citoyen nécessite une force publique ; cette force est donc instituée pour l'avantage de tous, et non pour l'utilité particulière de ceux à qui elle est confiée.

Art. 13. - Pour l'entretien de la force publique, et pour les dépenses d'administration, une contribution commune est indispensable ; elle doit être également répartie entre tous les citoyens, en raison de leurs facultés.

Art. 14. - Les citoyens ont le droit de constater, par eux-mêmes ou par leurs représentants, la nécessité de la contribution publique, de la consentir librement, d'en suivre l'emploi, et d'en déterminer la quotité, l'assiette, le recouvrement et la durée.

Art. 15. - La société a le droit de demander compte à tout agent public de son administration.

Art. 16. - Toute société dans laquelle la garantie des droits n'est pas assurée, ni la séparation des pouvoirs déterminée, n'a point de constitution.

Art. 17. - La propriété étant un droit inviolable et sacré, nul ne peut en être privé, si ce n'est lorsque la nécessité publique, légalement constatée, l'exige évidemment, et sous la condition d'une juste et préalable indemnité.

Déclaration universelle
des droits de l'homme (1948)*

Préambule

Considérant que la reconnaissance de la dignité inhérente à tous les membres de la famille humaine et de leurs droits égaux et inaliénables constitue le fondement de la liberté, de la justice et de la paix dans le monde.

Considérant que la méconnaissance et le mépris des droits de l'homme ont conduit à des actes de barbarie qui révoltent la conscience de l'humanité et que l'avènement d'un monde où les êtres humains seront libres de parler et de croire, libérés de la terreur et de la misère, a été proclamé comme la plus haute aspiration de l'homme.

Considérant qu'il est essentiel que les droits de l'homme soient protégés par un régime de droit pour que l'homme ne soit pas contraint, en suprême recours, à la révolte contre la tyrannie et l'oppression.

Considérant qu'il est essentiel d'encourager le développement de relations amicales entre nations.

Considérant que dans la Charte les peuples des Nations Unies ont proclamé à nouveau leur foi dans les droits fondamentaux de l'homme, dans la dignité et la valeur de la personne humaine, dans l'égalité des droits des hommes et des femmes, et qu'ils se sont déclarés résolus à favoriser le progrès social et à instaurer de meilleures conditions de vie dans une liberté plus grande.

Considérant que les États membres se sont engagés à assurer, en coopération avec l'Organisation des Nations Unies, le respect universel et effectif des droits de l'homme et des libertés fondamentales.

Considérant qu'une conception commune de ces droits et libertés est de la plus haute importance pour remplir pleinement cet engagement.

L'Assemblée générale

Proclame la présente Déclaration universelle des droits de l'homme comme l'idéal commun à atteindre par tous les peuples et toutes les nations afin que tous les individus et tous les organes de la société, ayant cette Déclaration constamment à l'esprit, s'efforcent, par l'enseignement et l'éducation, de développer le respect de ces droits et libertés et d'en assurer, par des mesures progressives d'ordre national et international, la reconnaissance et l'application universelles et effectives, tant parmi les populations des États membres eux-mêmes que parmi celles des territoires placés sous leur juridiction.

* Adoptée et proclamée par l'Assemblée générale de l'O.N.U. dans sa résolution 217 A (III) du 10 décembre 1948.

Article premier

Tous les êtres humains naissent libres et égaux en dignité et en droits. Ils sont doués de raison et de conscience et doivent agir les uns envers les autres dans un esprit de fraternité.

Article 2

Chacun peut se prévaloir de tous les droits et de toutes les libertés proclamés dans la présente Déclaration, sans distinction aucune, notamment de race, de couleur, de sexe, de langue, de religion, d'opinion politique ou de toute autre opinion, d'origine nationale ou sociale, de fortune, de naissance ou de toute autre situation.

De plus, il ne sera fait aucune distinction fondée sur le statut politique, juridique ou international du pays ou du territoire dont la personne est ressortissante, que ce pays ou territoire soit indépendant, sous tutelle, ou autonome ou soumis à une limitation quelconque de souveraineté.

Article 3

Tout individu a droit à la vie, à la liberté et à la sûreté de sa personne.

Article 4

Nul ne sera tenu en esclavage ni en servitude ; l'esclavage et la traite des esclaves sont interdits sous toutes leurs formes.

Article 5

Nul ne sera soumis à la torture, ni à des peines ou traitements cruels, inhumains ou dégradants.

Article 6

Chacun a le droit à la reconnaissance en tous lieux de sa personnalité juridique.

Article 7

Tous sont égaux devant la loi et ont droit sans distinction à une égale protection de la loi. Tous ont droit à une protection égale contre toute discrimination qui violerait la présente Déclaration et contre toute provocation à une telle discrimination.

Article 8

Toute personne a droit à un recours effectif devant les juridictions nationales compétentes contre les actes violant les droits fondamentaux qui lui sont reconnus par la constitution ou par la loi.

Article 9

Nul ne peut être arbitrairement arrêté, détenu ni exilé.

Article 10

Toute personne a droit, en pleine égalité, à ce que sa cause soit entendue équitablement et publiquement par un tribunal indépendant et impartial, qui décidera, soit de ses droits et obligations, soit du bien-fondé de toute accusation en matière pénale dirigée contre elle.

Article 11

1. Toute personne accusée d'un acte délictueux est présumée innocente jusqu'à ce que sa culpabilité ait été légalement établie au cours d'un procès public où toutes les garanties nécessaires à sa défense lui auront été assurées.

2. Nul ne sera condamné pour des actions ou omissions qui, au moment où elles ont été commises, ne constituaient pas un acte délictueux d'après le droit national ou international. De même, il ne sera infligé aucune peine plus forte que celle qui était applicable au moment où l'acte délictueux a été commis.

Article 12

Nul ne sera l'objet d'immixtions arbitraires dans sa vie privée, sa famille, son domicile ou sa correspondance, ni d'atteintes à son honneur et à sa réputation. Toute personne a droit à la protection de la loi contre de telles immixtions ou de telles atteintes.

Article 13

1. Toute personne a le droit de circuler librement et de choisir sa résidence à l'intérieur d'un État.

2. Toute personne a le droit de quitter tout pays, y compris le sien, et de revenir dans son pays.

Article 14

1. Devant la persécution, toute personne a le droit de chercher asile et de bénéficier de l'asile en d'autres pays.

2. Ce droit ne peut être invoqué dans le cas de poursuites réellement fondées sur un crime de droit commun ou sur des agissements contraires aux buts et aux principes des Nations Unies.

Article 15

1. Tout individu a droit à une nationalité.

2. Nul ne peut être arbitrairement privé de sa nationalité, ni du droit de changer de nationalité.

Article 16

1. À partir de l'âge nubile, l'homme et la femme, sans aucune restriction quant à la race, la nationalité ou la religion, ont le droit de se marier et de fonder une famille. Ils ont des droits égaux au regard du mariage, durant le mariage et lors de sa dissolution.

2. Le mariage ne peut être conclu qu'avec le libre et plein consentement des futurs époux.
3. La famille est l'élément naturel et fondamental de la société et a droit à la protection de la société et de l'État.

Article 17
1. Toute personne, aussi bien seule qu'en collectivité, a droit à la propriété.
2. Nul ne peut être arbitrairement privé de sa propriété.

Article 18
Toute personne a droit à la liberté de pensée, de conscience et de religion ; ce droit implique la liberté de changer de religion ou de conviction ainsi que la liberté de manifester sa religion ou sa conviction, seule ou en commun, tant en public qu'en privé, par l'enseignement, les pratiques, le culte et l'accomplissement des rites.

Article 19
Tout individu a droit à la liberté d'opinion et d'expression, ce qui implique le droit de ne pas être inquiété pour ses opinions et celui de chercher, de recevoir et de répandre, sans considérations de frontières, les informations et les idées par quelque moyen d'expression que ce soit.

Article 20
1. Toute personne a droit à la liberté de réunion et d'association pacifiques.
2. Nul ne peut être obligé de faire partie d'une association.

Article 21
1. Toute personne a le droit de prendre part à la direction des affaires publiques de son pays, soit directement, soit par l'intermédiaire de représentants librement choisis.
2. Toute personne a droit à accéder, dans des conditions d'égalité, aux fonctions publiques de son pays.
3. La volonté du peuple est le fondement de l'autorité des pouvoirs publics ; cette volonté doit s'exprimer par des élections honnêtes qui doivent avoir lieu périodiquement, au suffrage universel égal et au vote secret ou suivant une procédure équivalente assurant la liberté du vote.

Article 22
Toute personne, en tant que membre de la société, a droit à la sécurité sociale ; elle est fondée à obtenir la satisfaction des droits économiques, sociaux et culturels indispensables à sa dignité et au libre

développement de sa personnalité, grâce à l'effort national et à la coopération internationale, compte tenu de l'organisation et des ressources de chaque pays.

Article 23

1. Toute personne a droit au travail, au libre choix de son travail, à des conditions équitables et satisfaisantes de travail et à la protection contre le chômage.
2. Tous ont droit, sans aucune discrimination, à un salaire égal pour un travail égal.
3. Quiconque travaille a droit à une rémunération équitable et satisfaisante lui assurant ainsi qu'à sa famille une existence conforme à la dignité humaine et complétée, s'il y a lieu, par tous autres moyens de protection sociale.
4. Toute personne a le droit de fonder avec d'autres des syndicats et de s'affilier à des syndicats pour la défense de ses intérêts.

Article 24

Toute personne a droit au repos et aux loisirs et notamment à une limitation raisonnable de la durée du travail et à des congés payés périodiques.

Article 25

1. Toute personne a droit à un niveau de vie suffisant pour assurer sa santé, son bien-être et ceux de sa famille, notamment pour l'alimentation, l'habillement, le logement, les soins médicaux ainsi que pour les services sociaux nécessaires ; elle a droit à la sécurité en cas de chômage, de maladie, d'invalidité, de veuvage, de vieillesse ou dans les autres cas de perte de ses moyens de subsistance par suite de circonstances indépendantes de sa volonté.
2. La maternité et l'enfance ont droit à une aide et à une assistance spéciales. Tous les enfants, qu'ils soient nés dans le mariage ou hors mariage, jouissent de la même protection sociale.

Article 26

1. Toute personne a droit à l'éducation. L'éducation doit être gratuite, au moins en ce qui concerne l'enseignement élémentaire et fondamental. L'enseignement élémentaire est obligatoire. L'enseignement technique et professionnel doit être généralisé ; l'accès aux études supérieures doit être ouvert en pleine égalité à tous en fonction de leur mérite.
2. L'éducation doit viser au plein épanouissement de la personnalité humaine et au renforcement du respect des droits de l'homme et des libertés fondamentales. Elle doit favoriser la compréhension, la tolérance et l'amitié entre toutes les nations et tous les groupes raciaux

ou religieux, ainsi que le développement des activités des Nations Unies pour le maintien de la paix.
3. Les parents ont, par priorité, le droit de choisir le genre d'éducation à donner à leurs enfants.

Article 27

1. Toute personne a le droit de prendre part librement à la vie culturelle de la communauté, de jouir des arts et de participer au progrès scientifique et aux bienfaits qui en résultent.
2. Chacun a droit à la protection des intérêts moraux et matériels découlant de toute production scientifique, littéraire ou artistique dont il est l'auteur.

Article 28

Toute personne a droit à ce que règne, sur le plan social et sur le plan international, un ordre tel que les droits et libertés énoncés dans la présente Déclaration puissent y trouver plein effet.

Article 29

1. L'individu a des devoirs envers la communauté dans laquelle seule le libre et plein développement de sa personnalité est possible.
2. Dans l'exercice de ses droits et dans la jouissance de ses libertés, chacun n'est soumis qu'aux limitations établies par la loi exclusivement en vue d'assurer la reconnaissance et le respect des droits et libertés d'autrui et afin de satisfaire aux justes exigences de la morale, de l'ordre public et du bien-être général dans une société démocratique.
3. Ces droits et libertés ne pourront, en aucun cas, s'exercer contrairement aux buts et aux principes des Nations Unies.

Article 30

Aucune disposition de la présente Déclaration ne peut être interprétée comme impliquant pour un État, un groupement ou un individu un droit quelconque de se livrer à une activité ou d'accomplir un acte visant à la destruction des droits et libertés qui y sont énoncés.

Déclaration des droits de l'enfant

Le 20 novembre 1959, l'Assemblée générale des Nations Unies a adopté à l'unanimité la Déclaration des droits de l'enfant.

Préambule : Considérant que, dans la Charte, les peuples des Nations Unies ont proclamé à nouveau leur foi dans les droits fondamentaux de l'homme et dans la dignité et la valeur de la personne humaine, et qu'ils se sont déclarés résolus à favoriser le progrès social et à instaurer de meilleures conditions de vie dans une liberté plus grande.

Considérant que, dans la Déclaration universelle des Droits de l'Homme, les Nations Unies ont proclamé que chacun peut se prévaloir de tous les droits et de toutes les libertés qui y sont énoncés, sans distinction aucune, notamment de race, de couleur, de sexe, de langue, de religion, d'opinion politique ou de toute autre opinion, d'origine nationale ou sociale, de fortune, de naissance ou de toute autre situation.

Considérant que l'enfant, en raison de son manque de maturité physique et intellectuelle, a besoin d'une protection spéciale et de soins spéciaux, notamment d'une protection juridique appropriée, avant comme après la naissance.

Considérant que la nécessité de cette protection spéciale a été énoncée dans la Déclaration de Genève de 1924 sur les droits de l'enfant et reconnue dans la Déclaration universelle des Droits de l'Homme ainsi que dans les statuts des institutions spécialisées et des organisations internationales qui se consacrent au bien-être de l'enfance.

Considérant que l'humanité se doit de donner à l'enfant le meilleur d'elle-même, l'Assemblée générale proclame la présente Déclaration des droits de l'enfant afin qu'il ait une enfance heureuse et bénéficie, dans son intérêt comme dans l'intérêt de la société, des droits et libertés qui y sont énoncés ; elle invite les parents, les hommes et les femmes à titre individuel, ainsi que les organisations bénévoles, les autorités locales et les gouvernements nationaux à reconnaître ces droits et à s'efforcer d'en assurer le respect au moyen de mesures législatives et autres adoptées progressivement en application des principes suivants :

Principe premier :
L'enfant doit jouir de tous les droits énoncés dans la présente Déclaration. Ces droits doivent être reconnus à tous les enfants, sans exception aucune, et sans distinction ou discrimination fondées sur la race, la couleur, le sexe, la langue, la religion, les opinions politiques ou autres, l'origine nationale ou sociale, la fortune, la naissance, ou sur toute autre situation, que celle-ci s'applique à l'enfant lui-même ou à sa famille.

Principe 2 :

L'enfant doit bénéficier d'une protection spéciale et se voir accorder des possibilités et des facilités par l'effet de la loi et par d'autres moyens, afin d'être en mesure de se développer d'une façon saine et normale sur le plan physique, intellectuel, moral, spirituel et social, dans des conditions de liberté et de dignité. Dans l'adoption de lois à cette fin, l'intérêt supérieur de l'enfant doit être la considération déterminante.

Principe 3 :

L'enfant a droit, dès sa naissance, à un nom et à une nationalité.

Principe 4 :

L'enfant doit bénéficier de la sécurité sociale. Il doit pouvoir grandir et se développer d'une façon saine ; à cette fin, une aide et une protection spéciales doivent lui être assurées ainsi qu'à sa mère, notamment des soins prénatals et post-natals adéquats. L'enfant a droit à une alimentation, à un logement, à des loisirs et à des soins médicaux adéquats.

Principe 5 :

L'enfant physiquement, mentalement ou socialement désavantagé doit recevoir le traitement, l'éducation et les soins spéciaux que nécessite son état ou sa situation.

Principe 6 :

L'enfant, pour l'épanouissement harmonieux de sa personnalité, a besoin d'amour et de compréhension. Il doit, autant que possible, grandir sous la sauvegarde et sous la responsabilité de ses parents et, en tout état de cause, dans une atmosphère d'affection et de sécurité morale et matérielle ; l'enfant en bas âge ne doit pas, sauf circonstances exceptionnelles, être séparé de sa mère. La société et les pouvoirs publics ont le devoir de prendre un soin particulier des enfants sans famille ou de ceux qui n'ont pas de moyens d'existence suffisants. Il est souhaitable que soient accordées aux familles nombreuses des allocations de l'État ou autres pour l'entretien des enfants.

Principe 7 :

L'enfant a droit à une éducation qui doit être gratuite et obligatoire au moins aux niveaux élémentaires. Il doit bénéficier d'une éducation qui contribue à sa culture générale et lui permette, dans des conditions d'égalité de chances, de développer ses facultés, son jugement personnel et son sens des responsabilités morales et sociales, et de devenir un membre utile de la société.

L'intérêt supérieur de l'enfant doit être le guide de ceux qui ont la responsabilité de son éducation et de son orientation ; cette responsabilité incombe en priorité à ses parents.

L'enfant doit avoir toutes possibilités de se livrer à des jeux et à des activités récréatives qui doivent être orientés vers les fins visées par l'éducation ; la société et les pouvoirs publics doivent s'efforcer de favoriser la jouissance de ce droit.

Principe 8 :
L'enfant doit, en toutes circonstances, être parmi les premiers à recevoir protection et secours.

Principe 9 :
L'enfant doit être protégé contre toute forme de négligence, de cruauté et d'exploitation. Il ne doit pas être soumis à la traite, sous quelque forme que ce soit.

L'enfant ne doit pas être admis à l'emploi avant d'avoir atteint un âge minimum approprié ; il ne doit en aucun cas être astreint ou autorisé à prendre une occupation ou un emploi qui nuise à sa santé ou à son éducation, ou qui entrave son développement physique, mental ou moral.

Principe 10 :
L'enfant doit être protégé contre les pratiques qui peuvent pousser à la discrimination raciale, à la discrimination religieuse ou à toute autre forme de discrimination. Il doit être élevé dans un esprit de compréhension, de tolérance, d'amitié entre les peuples, de paix et de fraternité universelle, et dans le sentiment qu'il lui appartient de consacrer son énergie et ses talents au service de ses semblables.

Publicité à donner à la Déclaration des droits de l'enfant
L'Assemblée générale, considérant que la Déclaration des droits de l'enfant invite les parents, les hommes et les femmes à titre individuel ainsi que les organisations bénévoles, les autorités locales et les gouvernements nationaux à reconnaître les droits qu'elle énonce et à s'efforcer d'en assurer le respect.
1. Recommande aux gouvernements des États Membres, aux institutions spécialisées intéressées et aux organisations non gouvernementales appropriées de donner la plus large publicité possible au texte de la Déclaration des droits de l'enfant ;
2. Prie le secrétaire général de donner à la Déclaration une très large diffusion et, à cette fin, d'utiliser tous les moyens dont il dispose pour en publier et en faire distribuer le texte dans toutes les langues possibles.

Des dizaines de textes (Pactes et Conventions) ont été adoptés par les Nations Unies depuis 1948. Parmi eux :

Convention pour la prévention et la répression du crime de génocide (9 décembre 1948)

Avant 1914, une grande partie de l'Arménie est province turque. Un mouvement national s'est développé à partir de 1850. Durant les années 1895-1896, une terrible répression fait quelque 300 000 victimes parmi les Arméniens. Lors de la Grande Guerre, les Turcs sont les alliés de l'Allemagne et de l'Autriche-Hongrie. En 1915, les conscrits arméniens qui ne répondent pas massivement à l'ordre de mobilisation sont exécutés. Puis, sous prétexte que les populations arméniennes (présentes de part et d'autre de la frontière russo-turque) constituent un risque pour la défense, le gouvernement des Jeunes Turcs décide de se débarrasser des Arméniens et met en œuvre — le 24 avril — son plan d'extermination. Violences, cruautés inouïes. Massacres et déportations d'hommes, de femmes, d'enfants. On estime qu'il y eut entre un million et un million et demi de victimes.

Aujourd'hui, les Arméniens sont 6,5 millions. Diaspora : près de 4 millions ; République socialiste soviétique d'Arménie : 2 800 000.
À la sous-commission des droits de l'homme. Le rapport Whitaker qui mentionne le génocide des Arméniens a été adopté en 1985.

1975. Les Khmers rouges (communistes maoïstes) se sont emparés de Phnom Penh, et ont pris le pouvoir au Cambodge. Sous les ordres du dictateur Pol Pot, ils vont procéder à l'évacuation complète des villes, et contraindre les habitants au travail forcé dans les campagnes. Sur 7 millions de Cambodgiens, 4 millions seront déportés. De 1975 à 1978, terreur et tortures, massacres d'opposants au régime ou de simples suspects, villages pillés, incendiés, tueries collectives. Il y aura entre un et deux millions de morts : hommes, femmes, enfants.

(...) M. Whitaker a mis en garde contre l'emploi fallacieux du terme « génocide » souvent appliqué à des actes certes condamnables mais sans commune mesure avec ceux qu'il a cités : en premier lieu le génocide des Juifs par les nazis (...) un massacre bien oublié : celui des Héreros, en 1904, par les Allemands dans leur colonie du Sud-Ouest africain (...) génocide des Arméniens (...) pogromes ukrainiens de 1919 qui firent près de 250 000 victimes parmi les Juifs, le drame du Burundi où en 1972 le gouvernement minoritaire Tutsi a massacré 300 000 Hutus, ou le génocide des Indiens Adrès au Paraguay en 1974.
Pour ce qui est de l'extermination de leur propre peuple par les Khmers rouges entre 1975 et 1978, M. Whitaker rappelle que : « Pol Pot est toujours libre de ses mouvements, protégé par sa propre armée, et sans doute aussi dans une certaine mesure du fait que son régime continue à être internationalement reconnu. »

(Le Monde, 15 août 1985.)

Europe

Conseil de l'Europe

Fondé en 1949. Siège : Strasbourg. 21 membres : Autriche, Belgique, Chypre, Danemark, Espagne, France, Grèce, Irlande, Islande, Italie, Liechtenstein, Luxembourg, Malte, Pays-Bas, Norvège, Portugal, République Fédérale d'Allemagne, Suède, Suisse, Turquie, Royaume-Uni.

But : Réaliser une « union plus étroite » entre ses membres ; objectifs : sauvegarder et promouvoir les idéaux et les principes qui sont le patrimoine commun des États membres, favoriser leur progrès économique et social. Ce « patrimoine commun » comprend les « valeurs spirituelles et morales qui sont à l'origine des principes de liberté individuelle, de liberté politique et de prééminence du droit sur lesquels se fonde toute démocratie véritable ».

Convention européenne des droits de l'homme

Signature : 4 novembre 1950 à Rome. Entrée en vigueur : 3 septembre 1953. Ratifiée à ce jour par les 21 membres du Conseil de l'Europe.

C'est un traité international. Les États doivent assumer certaines obligations. La Convention permet à un individu alléguant une violation de ses droits d'engager une procédure contre le gouvernement qu'il juge responsable. Les gouvernements doivent veiller à ce que droits et libertés de ceux qui relèvent de leur juridiction soient protégés conformément à la Convention (ainsi, pour ratifier la Convention, des États durent modifier leur législation interne).

La Convention n'est pas conçue pour remplacer les systèmes nationaux de protection des droits de l'homme, mais pour assurer une garantie internationale.

Article 1. Les hautes parties contractantes reconnaissent à toute personne relevant de leur juridiction les droits et libertés définis au titre 1 de la présente Convention (...).

L'application de la Convention concerne non seulement les ressortissants d'un État membre, mais quiconque habite ou visite le pays.

Le contrôle du respect des droits de l'homme est assuré par des organes spécialement créés.

Commission européenne des droits de l'homme

Elle est composée de juristes dont le nombre est égal à celui des États qui ont ratifié la Convention. Ils sont élus par le Comité des ministres, pour 6 ans. Rééligibles, ils sont totalement indépendants, et, selon les statuts, ne représentent pas l'État au titre duquel ils ont été proposés pour l'élection.

Comité des ministres

Il est habilité « pour agir au nom du Conseil de l'Europe ». Il est composé des ministres des Affaires étrangères des États membres (ou leur délégué). Il est notamment chargé de la surveillance de l'exécution des arrêts rendus par la Cour et possède le pouvoir de décision pour les affaires qui n'ont pas fait l'objet d'une saisine de la Cour.

Cour européenne des droits de l'homme

Tout État membre du Conseil de l'Europe a un juge à la Cour. Les juges sont élus pour 9 ans par l'Assemblée parlementaire.

Les affaires dont la Cour est saisie sont examinées par une chambre de 7 juges dont l'un est le juge ressortissant de l'État mis en cause ou, à défaut, un juge au choix de ce pays.

Le secrétaire général

Il est habilité à demander aux parties contractantes des explications sur la manière dont leur droit interne assure l'application effective des dispositions de la Convention ; les parties contractantes ont l'obligation de fournir des explications.

Amérique

Organisation des États Américains (O.E.A.)

L'O.E.A. (28 membres) est une organisation régionale instituée dans le cadre des Nations Unies. Elle a reçu ses structures de la *Charte de Bogota* signée le 30 avril 1948. Le 2 mai 1948, le premier « Catalogue des droits de l'homme » intitulé *Déclaration américaine des droits et devoirs de l'homme* était adopté par une conférence internationale. Cette Déclaration précédait de plus de sept mois l'adoption de la *Déclaration universelle des droits de l'homme*.

Commission interaméricaine des droits de l'homme

Créée en 1949. Les 7 membres de la Commission sont élus à titre personnel par l'Assemblée générale de l'Organisation sur une liste de candidats proposés par les gouvernements des États membres.

Parmi ses méthodes de travail : missions d'observation sur place ; publications de rapports et d'un rapport annuel. Au cours des dernières années, des rapports ont été établis sur le Nicaragua, le Salvador, l'Argentine. En septembre 1979, le rapport d'une mission d'enquête en Argentine fut accablant pour la junte militaire ; présenté à l'Assemblée générale des Nations Unies, il a contribué à sensibiliser l'opinion publique internationale.

Convention américaine relative aux droits de l'homme

Signée par 12 États latino-américains en 1969. Elle s'inspire de la *Déclaration américaine des droits et des devoirs de l'homme,* ainsi que des Pactes internationaux (relatifs aux droits civils et politiques, économiques, sociaux et culturels) des Nations Unies.

Le recours individuel n'est pas subordonné — comme c'est le cas dans le système européen — à l'acceptation préalable, par l'État mis en cause, de la compétence de la Commission en matière de requêtes individuelles.

Afrique

L'Organisation de l'Unité Africaine (O.U.A.) est une organisation groupant les gouvernements des États d'Afrique continentale et des îles entourant l'Afrique (50 États membres ; n'en font pas partie : Namibie et République Sud-Africaine).

Objectifs de l'O.U.A. précisés dans la Charte adoptée le 25 mai 1963 à Addis-Abeba (Éthiopie) :

a) renforcer l'unité et la solidarité des États africains ;

b) coordonner et intensifier leur coopération et leurs efforts pour offrir de meilleures conditions d'existence aux peuples d'Afrique ;

c) défendre leur souveraineté, leur intégrité territoriale et leur indépendance ;

d) éliminer sous toutes ses formes le colonialisme de l'Afrique et

e) favoriser la coopération internationale en tenant dûment compte de la Charte des Nations Unies et de la Déclaration universelle.

L'Assemblée de l'O.U.A., lors d'une session tenue en juin 1981 à Nairobi, a adopté à l'unanimité la « Charte africaine des droits de l'homme et des peuples ».

La charte a été ratifiée lors du vingt-deuxième sommet de l'O.U.A. qui s'est tenu à Addis-Abeba du 28 au 30 juillet 1986.

Comité international
de la Croix-Rouge

Fondé en 1863 par Henri Dunant, c'est une organisation neutre et privée dont tous les membres sont suisses. Le C.I.C.R. veille à l'application, par les États signataires, des quatre Conventions de Genève dont il est le promoteur, et qui datent du 12 août 1949.

I et II — Amélioration du sort des blessés et des malades dans les forces armées en campagne, ainsi que des naufragés des forces armées sur mer ; III - Traitement des prisonniers de guerre ; IV - Protection des personnes civiles en temps de guerre (146 États sont parties aux Conventions (au 1-01-84)).

Les délégués du C.I.C.R. visitent les lieux d'internement des captifs, s'inquiètent de leurs conditions (vie, logement, santé, alimentation) ; le C.I.C.R. agit en faveur des populations civiles, recherche les disparus et transmet les messages familiaux entre les personnes séparées. Le C.I.C.R. peut apporter des secours aux populations civiles, acheminant vivres, médicaments, vêtements. Il fait appel aux sociétés nationales de la Croix-Rouge et du Croissant-Rouge, à la Ligue des Sociétés de la Croix-Rouge, aux gouvernements restés en dehors du conflit, aux organisations volontaires.

Face aux guerres modernes, les Conventions de Genève se sont révélées insuffisantes. Le 10 juin 1977, les 102 articles du Protocole I (relatif à la protection des victimes des conflits armés internationaux) et les 28 articles du Protocole II (relatif à la protection des victimes des conflits armés non internationaux) sont adoptés par les plénipotentiaires des 102 États présents. Le Protocole I développe la protection de la population civile, et rend le droit humanitaire international plus universel.

En 1949, nombre d'États n'étaient pas encore indépendants. En 1977, ils obtiennent des résultats concrets :

1) Le droit international humanitaire s'appliquera lors des guerres de « libération nationale ».

2) Le guérillero est reconnu comme combattant et comme prisonnier de guerre s'il y a capture.

Le Protocole II apporte des progrès essentiels : garanties fondamentales accordées aux personnes ne participant pas directement au conflit... ; protection des personnels (sanitaires, médicaux, de transport, religieux) qui peuvent arborer le signe de la Croix-Rouge ou du Croissant-Rouge ; protection générale de la population civile...

Organisations de défense des droits de l'homme

Les organisations, comités, ligues, mouvements, associations travaillant pour le respect des droits de l'homme sont nombreux. Il est impossible de les présenter tous, d'en dresser une liste exhaustive. Pour une liste plus complète, consulter le vade-mecum édité par **Droits de l'Homme et solidarité** [voir à « Autres associations - Adresses utiles »].
Le texte de présentation de chacune des organisations a été rédigé d'après les renseignements et les documents fournis par elles à l'auteur.

Action des chrétiens pour l'abolition de la torture
(A.C.A.T.)
252, rue Saint-Jacques, 75005 Paris. Tél. 43-29-88-52.

Fondée en 1974, suite à un témoignage bouleversant sur les tortures pratiquées au Viêt-nam du Sud.

L'A.C.A.T. regroupe en France 15 000 chrétiens — catholiques, protestants, orthodoxes —, compte plus de 300 groupes locaux et une centaine de communautés monastiques. Des A.C.A.T. se développent dans une dizaine d'autres pays.

Elle se veut *sentinelle dans l'Église,* fait appel à la foi en Jésus-Christ et invite ses membres et les communautés d'Église à la prière et à l'action. Elle transmet à ses adhérents les cas de tortures et d'exécutions capitales qui ont lieu dans le monde. Chacun écrit au gouvernement concerné afin de lui rappeler son engagement au respect de l'article 5 de la Déclaration universelle des droits de l'homme et des textes internationaux.

Convaincue qu'aucun pays n'est préservé de résurgences de la torture, l'A.C.A.T. est vigilante à l'égard de ce qui se passe en France. Elle s'efforce en priorité d'établir des contacts confiants avec les pouvoirs publics et les forces de l'ordre pour prévenir avec eux les risques d'une réapparition de la torture institutionnalisée en France.

Par des rencontres, des articles, des séances d'information à travers toute la France, l'A.C.A.T. contribue à développer une opinion publique informée et sensibilisée.

Elle montre que, quel que soit le temps dont on dispose, l'âge, le métier, chacun peut prendre part au combat pour le respect de la dignité humaine.

L'A.C.A.T. a intégré à son but initial la lutte contre les exécutions capitales pour plusieurs raisons : liens entre torture et exécution capitale ; réflexion approfondie sur la dignité de tout homme. L'être humain a été créé à l'image de Dieu ; référence à la prise de conscience qui s'est développée à ce sujet dans les Églises et la société.

Action internationale contre la faim (A.I.C.F.)

34, avenue Reille, 75014 Paris. Tél. 45-65-40-40.

Créée en novembre 1979, dans le but de secourir de façon rapide et ponctuelle les populations des régions les plus défavorisées du monde, l'A.I.C.F. privilégie en priorité l'action directe sur le terrain.

L'initiative de cette action revient à cinquante comités locaux qui prennent chacun en charge, autour d'un programme d'assistance ou de développement, un groupe local du Tiers Monde situé dans la région de leur choix. À ce jour, une centaine d'opérations ont ainsi été conduites dans plus de trente pays d'Afrique, d'Amérique et d'Asie.

Le bureau national de l'A.I.C.F. coordonne les actions de ces comités et développe lui-même certains programmes d'envergure réalisés sur une vaste échelle et dans des régions particulièrement sensibles. Sept programmes nationaux sont en cours actuellement, au Tchad, en Éthiopie, au Soudan, en Ouganda, au Pakistan, en Argentine et en Thaïlande.

Quelles que soient les circonstances, l'A.I.C.F. refuse de distinguer artificiellement l'action d'urgence de l'opération de développement. Si ces interventions sont suscitées à l'origine par une situation de crise, qu'elle soit médicale ou nutritionnelle, l'assistance immédiate se double toujours d'un projet de développement : formation médicale, éducation sanitaire, programmes agricoles..., dont le but est d'assurer, à terme, l'autosuffisance des populations concernées.

Aide à toute détresse - A.T.D. Quart Monde

107, avenue Général-Leclerc, 95480 Pierrelaye. Tél. 30-37-11-11.

Mouvement à dimension internationale (secrétariats ou correspondants dans 105 pays). Dans toutes les sociétés, au plus bas de l'échelle sociale, vit une population subissant la misère depuis plusieurs générations. Nombre estimé : 8 à 10 millions de personnes en Europe occidentale, dont 2 millions en France. A.T.D. mène des actions auprès des pouvoirs publics, informe l'opinion. Trois objectifs : Sécurité familiale (sécurité financière, logement, travail) ; accès au savoir et à la formation professionnelle ; participation du Quart Monde à la vie associative, politique, syndicale, religieuse.

Des équipes agissent sur le terrain (quarante équipes formées de volontaires permanents et 300 groupes d'alliés pour l'Europe) avec les familles très défavorisés qu'elles rencontrent.

Amnesty International

4, rue de la Pierre-Levée, 75011 Paris. Tél. 43-38-74-74.

Amnesty International, mouvement mondial indépendant de tout gouvernement, tout groupement politique, toute idéologie, tout intérêt économique et toute croyance religieuse, joue un rôle nettement déterminé dans la défense des droits de l'homme. C'est une organisation dont les activités sont centrées sur les prisonniers.

Elle s'efforce d'obtenir la *libération* des personnes détenues, où que ce soit, du fait de leurs convictions, de leur couleur, de leur sexe, de leur origine ethnique, de leur langue ou de leur religion, à condition qu'elles n'aient pas usé de violence ni préconisé son usage. Ces personnes sont dénommées *« prisonniers d'opinion »*.

Elle demande un *jugement équitable et dans un délai raisonnable pour tous les prisonniers politiques* et intervient en faveur des personnes détenues sans inculpation ni jugement.

Elle *s'oppose sans réserve, pour tous les prisonniers, à la peine de mort et à la torture* ou autres peines ou traitements cruels, inhumains ou dégradants.

Amnesty International fonde son action sur la Déclaration universelle des droits de l'homme adoptée par les Nations Unies et sur d'autres instruments internationaux. Par son action concrète en faveur des prisonniers qui relèvent de son mandat, Amnesty International contribue à promouvoir le respect et la protection des droits de l'homme dans les domaines civil, politique, économique, social et culturel.

Amnesty International compte plus de 500 000 membres et souscripteurs dans plus de 160 pays ou territoires. 3 430 groupes locaux se répartissent entre quelque 50 pays d'Afrique, d'Amérique, d'Asie, d'Europe, du Moyen-Orient et d'Océanie. Chaque groupe s'occupe d'au moins deux prisonniers d'opinion dans des pays autres que le sien. Pour garantir l'impartialité, ces pays sont choisis de telle sorte qu'ils s'équilibrent géographiquement et politiquement. Le service de la recherche d'Amnesty International, à Londres, centralise, vérifie et fournit les renseignements relatifs aux prisonniers et aux violations des droits de l'homme.

Amnesty International est dotée du statut consultatif auprès de l'O.N.U. (Conseil économique et social), de l'U.N.E.S.C.O. et du Conseil de l'Europe ; elle coopère avec la Commission interaméricaine des droits de l'homme de l'Organisation des États américains, et elle est membre du Comité de coordination du Bureau de l'Organisation de l'unité africaine pour le placement et l'éducation des réfugiés africains.

Amnesty International est financée par les cotisations de ses membres et les dons de ses sympathisants dans le monde entier. Afin de garantir l'indépendance de l'organisation, toutes les contributions font l'objet d'un contrôle strict, suivant les directives fixées par le Conseil international d'A.I., et les recettes et dépenses sont publiées dans un rapport financier annuel.

Cimade

(Service œcuménique d'entraide)
176, rue de Grenelle, 75007 Paris. Tél. 45-50-34-43.
(Permanences régionales : Strasbourg, Monbéliard, Montpellier, Marseille, Lyon.)

La Cimade est née pendant la guerre de 39-45 et a aidé à cette époque les personnes persécutées par le nazisme. Aujourd'hui la Cimade mène une action au service des réfugiés, des immigrés et des peuples du Tiers Monde. La Cimade est un organisme œcuménique, rassemblant des chrétiens et des non chrétiens.

Elle reçoit 6 000 réfugiés de 70 pays par an et leur assure divers services : accompagnement administratif, conseil juridique, accueil dans son foyer de Massy, orientation sociale, insertion (logement, formation, travail), cours de français, aide médicale, soutien aux projets de retour...

Elle veille à la sauvegarde du droit d'asile.

Soutien des immigrés. Défense de leurs droits : sécurité, logement, regroupement familial, formation, santé, expression.

Participation à des programmes de développement intégré : maîtrise de l'eau, cultures vivrières, élevage, coopération, santé. Favorise l'autosuffisance alimentaire, renforce l'autonomie de ses partenaires.

Actions 1986 (parmi des dizaines) : Tchad : dispensaire d'ophtalmologie. Mozambique : développement agricole dans les zones vertes de Maputo. Nicaragua : reconstruction d'une cantine d'enfants. Liban (réfugiés palestiniens) : centres socio-professionnels. Viêt-nam : équipement d'un hôpital à Hanoï.

Comité Catholique contre la Faim et pour le Développement (C.C.F.D.)

4, rue Jean-Lantier, 75001 Paris. Tél. 42-61-51-60.

a été créé à l'appel du pape Jean XXIII, au moment du lancement par l'Organisation des Nations Unies pour l'alimentation et l'agriculture (F.A.O.), de la Campagne mondiale contre la faim.

Il est formé de vingt-cinq mouvements ou services d'Église :

● A.C.E. (Action Catholique des Enfants) ● A.C.G.F. (Action Catholique Générale des Femmes) ● A.C.I. (Action Catholique des milieux Indépendants) ● A.C.M.E.C. (Action Catholique des Membres de l'Enseignement Chrétien) ● A.C.O. (Action Catholique Ouvrière) ● Chrétiens Médias ● C.M.R. (Chrétiens dans le Monde Rural) ● Équipes Enseignantes ● Guides de France ● J.E.C. (Jeunesse Étudiante Chrétienne) ● J.I.C. et J.I.C.F. (Jeunesse Indépendante Chrétienne) ● J.O.C. et J.O.C.F. (Jeunesse Ouvrière Chrétienne) ● M.C.C. (Mouvement des Cadres Chrétiens). ● M.E.J. (Mouvement Eucharistique des Jeunes) ● M.R.J.C. (Mouvement Rural de la Jeunesse Chrétienne) ● O.P.M. (Œuvres Pontificales Missionnaires) ● Pax Christi ● Scouts de France ● Secours Catholique ● S.G.E.C. (Secrétariat Général de l'Enseignement Catholique) ● Conférences Saint-Vincent-de-Paul ● U.N.C.E.A.S. (Union Nationale des Centres d'Études et d'Actions Sociales) ● V.E.A. (Vivre Ensemble l'Évangile Aujourd'hui).

Il est l'instrument que ceux-ci se sont donné, à la demande des évêques, pour rechercher la voie d'une plus grande solidarité. À l'échelon de chaque diocèse, le C.C.F.D. est représenté par un Comité composé des mêmes mouvements que le Comité national. De nombreuses équipes locales assurent également un travail d'animation.

Au plan international, témoigner de la solidarité.

Dans les structures internationales, le C.C.F.D. agit pour que la voix des hommes et des peuples les plus pauvres soit entendue, leurs droits respectés et pour que les lois de l'économie mondiale soient au service de tous, et prioritairement des plus pauvres.

Le C.C.F.D. travaille au plan international dans le cadre de la Coopération internationale pour le développement (C.I.D.S.E.) qui regroupe les Organisations non gouvernementales (O.N.G.) catholiques d'Europe de l'Ouest et d'Amérique du Nord.

Dans le Tiers Monde, apporter une aide à des opérations concrètes de développement.

Chaque année le C.C.F.D. soutient près de 600 projets concrets de développement dans plus de quatre-vingts pays.

Ces projets, lancés et mis en œuvre par les intéressés eux-mêmes, couvrent cinq grands secteurs : la promotion paysanne et le développement agricole, la promotion populaire en milieu urbain, la santé, notamment la médecine préventive et l'adaptation de la médecine traditionnelle, l'information, l'animation et la formation, les droits de l'homme et des peuples au développement. *(La liste complète des projets de développement soutenus peut être demandée au C.C.F.D.)*

En France, mener une action d'information et d'animation auprès de l'opinion publique.

En demandant au C.C.F.D. un soutien pour transformer leur condition de vie, des groupes d'hommes, de femmes, de jeunes et d'enfants deviennent partenaires. Ils lui demandent aussi de travailler simultanément au changement en France où le système économique est, pour une large part, cause de leur sous-développement.

Aussi le C.C.F.D. appelle-t-il à être présent dans la totalité de la vie sociale, ici en France. Il appelle à modifier la manière de vivre et de consommer, d'investir ou de gérer l'épargne. Il invite à inventer de nouveaux chemins de solidarité.

Fédération internationale des droits de l'homme (F.I.D.H.)

27, rue Jean-Dolent, 75014 Paris. Tél. 43-31-94-95.

La Fédération internationale, depuis sa création, en 1922, a pour objet de servir et de diffuser l'idéal des droits de l'homme, de lutter contre leur violation et d'exiger leur respect.

Dès 1924, la F.I.D.H. spécifiait qu'aux droits civils et politiques de 1789 devaient s'ajouter des droits économiques et sociaux. Elle y intégrait, dès 1926, l'organisation de la paix par la justice internationale. En 1927, elle proposait une « Déclaration mondiale des droits de l'homme ».

La Fédération internationale des droits de l'homme s'est attelée à la lutte contre le nazisme dont elle fut, en Europe occupée, une cible prioritaire.

Après la Seconde Guerre mondiale, durant laquelle elle fut dispersée ou clandestine, la F.I.D.H. fut reconstituée le 31 octobre 1948.

Depuis le 10 décembre 1948, son effort a, entre autres, pour objectif **l'application de la Déclaration universelle des droits de l'homme.**

La F.I.D.H. est **indépendante** sur les plans nationaux et internationaux à l'égard de tous les partis et de tous les gouvernements, de tous les États et donc de tous les blocs. Ces règles absolues sont le TRAIT DISTINCTIF ET OBLIGATOIRE de toute son action.

La Fédération internationale des droits de l'homme est constituée par les Ligues des droits de l'homme nationales. Toute Ligue nationale qui adhère à la F.I.D.H. reconnaît, de ce fait, les principes inscrits dans les Déclarations, américaine de 1776, françaises de 1789 et 1793 et universelle de 1948. Elle se donne, en même temps, pour mission de les faire prévaloir dans son propre pays, en veillant, notamment, à leur stricte application dans la vie publique et dans le fonctionnement des institutions nationales.

Chacune des Ligues exerce, à son niveau, une triple activité :
— **défense des individus** isolés, face à l'arbitraire d'un pouvoir prenant trop d'aises avec le respect du droit des citoyens ;
— **action publique** pour obtenir tel ou tel progrès dans l'application du droit par les gouvernements (défense des individus ou des collectivités) ;
— **travail de réflexion** sur les problèmes innombrables des droits de l'homme et leur application dans le cadre précis de la nation.

Par l'intermédiaire de son Bureau, la Fédération internationale des droits de l'homme **coordonne** l'action de ces Ligues nationales. Pour ce faire, le Bureau centralise ou répartit les informations que chacune des Ligues lui fait parvenir. Ces informations, ajoutées à son activité propre, lui servent à dresser un bilan de l'activité de la F.I.D.H. qui est présenté régulièrement au Secrétariat des Nations Unies.

La F.I.D.H. est reconnue comme **Organisation Non Gouvernementale (O.N.G.) accréditée auprès des Nations Unies** (Statut B) **de l'UNESCO et auprès du Conseil de l'Europe.**

Elle constitue donc l'organe de liaison et l'interprète obligatoire des Ligues nationales auprès de l'O.N.U.

Les thèmes de ses réunions et congrès sont axés sur **la défense de la démocratie,** et souvent sur des questions à l'ordre du jour de la Commission des droits de l'homme de l'O.N.U.

Enfin, la Fédération internationale des droits de l'homme exerce une activité propre de contrôle au niveau international.

Elle organise régulièrement des « **missions d'observateurs judiciaires** » dans tout pays où il lui semble que les droits de l'homme sont battus en brèche, à l'occasion de procès dont il est visible que les accusés le sont pour leurs opinions.

Elle organise également des **enquêtes** à l'occasion de répressions ou de menaces contre les libertés.

Ainsi, depuis 1975, la Fédération internationale des droits de l'homme a organisé plusieurs centaines de missions dans plus de 60 pays.

La F.I.D.H. publie un hebdomadaire : *La lettre de la F.I.D.H.*, et des rapports sur les missions qu'elle organise.

Ligues des droits de l'homme affiliées :
algérienne / allemande / andorranne / argentine / australienne / autrichienne / belge / Berlin-ouest / bulgare (en exil) / chilienne / égyptienne / espagnole / française / grecque / guatémaltèque / haïtienne / hongroise / israélienne / italienne / libanaise / luxembourgeoise / néerlandaise / nicaraguayenne / paraguayenne / péruvienne / québécoise / roumaine (en exil) / salvador (C.D.H.E.S.) / suisse / tchécoslovaque (V.O.N.S.) / tunisienne.

France terre d'asile

29, rue Saint-Amand, 75015 Paris. Tél. 45-31-16-90.
« Maintien et développement d'une des plus anciennes traditions françaises « *France terre d'asile* » pour toutes les personnes contraintes, pour des raisons politiques, religieuses ou raciales de quitter leur pays d'origine ou qui ne peuvent y retourner sans s'exposer à un danger réel. » Le choix de l'association est de se consacrer à tous les réfugiés (164 000 en France au 1er janvier 1984).
Objectifs de F.T.D.A. : agir de telle sorte que la France continue, quelle que soit la situation politique et économique à recevoir les personnes obligées de fuir leur pays par les motifs reconnus par la Convention de Genève. Participer concrètement à l'accueil des réfugiés et œuvrer pour leur insertion.
De 1973 à fin 1985, près de 100 000 réfugiés ont été accueillis dans les centres de transit gérés par F.T.D.A., et 91 500 ont séjourné dans 199 centres provisoires ouverts dans 83 départements et gérés localement.

Groupe d'information et de soutien des travailleurs immigrés (G.I.S.T.I.)

46, rue de Montreuil, 75011 Paris. Tél. 43-67-04-06.
Fondé en 1972, il a pour objet : de réunir les informations sur la situation économique et sociale des travailleurs immigrés ; de les informer des conditions d'exercice et de protection de leurs droits ; de soutenir leur action en vue de la reconnaissance et de l'établissement de leurs droits et d'en obtenir le respect ; de combattre le racisme, la discrimination, la haine ou la violence à l'égard des immigrés.

La Ligue des droits de l'homme (L.D.H.)

27, rue Jean-Dolent, 75014 Paris. Tél. 47-07-56-35.
Elle est née en pleine affaire Dreyfus, quand, face à l'arbitraire de la

raison d'État, au chauvinisme et à l'antisémitisme, des femmes et des hommes se sont réunis en juin 1898 pour fonder la L.D.H. « À partir de ce jour, toute personne dont la liberté serait menacée ou le droit serait violé, est assurée de trouver près de nous aide et assistance » (premier manifeste). Elle est la plus ancienne organisation de défense des droits de l'homme. Elle s'est appuyée sur la Déclaration de 1789, puis sur celle de 1948. La L.D.H. a acquis une vocation universelle.

Elle s'attache à la promotion et à la défense de tous les droits : les libertés civiles et politiques, et les droits économiques, sociaux et culturels. En France et dans les pays où ils sont ignorés ou bafoués.

Parmi ses combats, ses actions, elle élabore et propose des réponses politiques aux grands problèmes de notre société : montée du racisme et situation discriminatoire pour les étrangers, crise économique et crise des valeurs.

Elle est affiliée à la F.I.D.H. ; elle regroupe plus de 10 000 adhérents qui militent dans près de 300 sections locales. Ses commissions travaillent sur les problèmes les plus divers (informatique, santé, justice, police, armée, information, éducation...).

Moyens d'action : information de l'opinion publique, prises de position, éducation aux droits de l'homme, intervention auprès des pouvoirs publics, des élus, contre les abus et pour élargir les garanties des libertés...

Ligue internationale contre le racisme et l'antisémitisme (L.I.C.R.A.)

40, rue de Paradis, 75010 Paris. Tél. 47-70-13-28.
Volonté depuis sa création (en 1927 - L.I.C.A., Ligue Internationale contre l'Antisémitisme devenue L.I.C.R.A.) de lutter contre toutes les formes de racisme, direct ou camouflé ; de dénoncer l'individu, le groupe ou le pays qui le pratique. Aucune raison politique, économique, sociale, ou biologique n'explique ou ne justifie le racisme et la discrimination raciale. La L.I.C.R.A. revendique le droit à la différence — qu'elle soit religieuse, culturelle ou linguistique. Ce droit doit être ressenti comme un enrichissement dû au pluralisme, à la diversité et à la spécificité de chacun.

Ses combats : de l'alerte de l'opinion sur le danger de l'hitlérisme à la stigmatisation de l'antisémitisme d'État de l'U.R.S.S. ; de la dénonciation des lenteurs de l'application des mesures antiségrégationnistes aux États-Unis à la proposition de mise à l'index par la communauté mondiale de l'Afrique du Sud qui applique l'apartheid ; des campagnes pour sauver le peuple kurde à la défense des Indiens d'Amazonie. De la demande de la création de l'État d'Israël (et de son droit à la vie) à la dénonciation des tentatives de falsification de l'Histoire visant à nier le génocide, à minimiser le meurtre collectif pour banaliser le nazisme. De la mobilisation de ses militants pour assurer l'accueil et l'hébergement des Cambodgiens parvenus à quitter la tourmente à l'appel au respect des droits de l'homme dans l'Argentine du général Videla... Association apolitique, elle combat les thèses de l'extrême droite et le terrorisme. Promotrice de la loi de 1972 réprimant les incitations à la haine raciale, elle mène une action auprès des tribunaux et assiste judiciairement les victimes du racisme.

Médecins du monde (M.D.M.)

67, avenue de la République, 75011 Paris. Tél. 43-57-70-70.
Fondée en 1980 par Bernard Kouchner. Droit au témoignage et bénévolat sont deux notions qui caractérisent Médecins du monde (300 membres sont sur le terrain, chaque année).

M.D.M. n'a cessé de grandir : structures, budget, influence et actions sur le terrain. Plus de 22 missions sont maintenues en permanence à travers le monde.

L'aide au Tiers Monde évolue. Les missions d'urgence continuent mais M.D.M. se tourne de plus en plus (à l'occasion d'une aide humanitaire et médicale) vers des missions de formation et de développement.

M.D.M., avec la F.I.D.H. a créé une organisation annexe, le Centre International Humanitaire (C.I.H.) à laquelle se sont joints Médecins Sans Frontières (M.S.F.), Assistance Médicale Internationale (A.M.I.) et Hôpital Sans Frontières (H.S.F.), dont le but est de faire entériner par les organismes internationaux (Conseil de l'Europe, O.N.U.) une charte précisant les droits des populations aux soins et les droits des médecins à leur apporter, en toute circonstance, cette aide qui est des droits imprescriptibles des hommes.

Des actions complètent l'activité de M.D.M. vers le Tiers Monde : a) agir en faveur de la création d'une Confédération européenne des O.N.G. du type de M.D.M. ; b) promouvoir des « Ateliers de l'Europe » (mobilisation de la jeunesse européenne en faveur du Tiers Monde et des Droits de l'Homme) ; c) mettre en place, en France, une action médicale en faveur des personnes sans couverture sociale et donc n'ayant plus de droit à la santé (population dont le nombre est estimé à 800 000).

Médecins sans frontières (M.S.F.)

68, bd Saint-Marcel, 75005 Paris. Tél. 47-07-29-29.
Fondé en 1971, Médecins sans frontières s'était défini au départ comme une structure d'intervention d'urgence lors de conflits ou de catastrophes. Mais ses objectifs se sont diversifiés et multipliés au fur et à mesure de ses missions. L'action de Médecins sans frontières se situe sur un triple plan :

— Fournir une aide immédiate aux populations éprouvées par des catastrophes naturelles ou des situations de belligérance (guerre civile au Liban, conflit au Tchad, famines dues à la sécheresse en Afrique...).

— Assister ces mêmes populations lorsqu'il faut faire face aux conséquences de telles situations (envoi d'équipes dans les camps de réfugiés érythréens au Soudan, cambodgiens et laotiens en Thaïlande, salvadoriens et nicaraguayens au Honduras...).

— Apporter une aide à plus long terme dans certains cas particuliers de sous-médicalisation chronique (Indiens du Pérou depuis 1978, assistance en zone sahélienne au Cameroun depuis 1977...)

Au cours des derniers mois, tous les « points chauds du globe ont nécessité une action urgente : Amérique centrale en proie à la guerre civile, Afghanistan occupé par les troupes soviétiques depuis 1980, famine en Éthiopie et au Mozambique, reprise des combats au Proche-Orient.

Afin que ses équipes puissent être rapidement opérationnelles M.S.F. a organisé des cours de recyclage en médecine et chirurgie d'urgence (Médecine des Catastrophes) au C.H.U. Pitié Salpêtrière à Paris.

Mouvement contre le racisme et pour l'amitié entre les peuples (M.R.A.P.)

89, rue Oberkampf, 75011 Paris. Tél. 48-06-88-00.
À l'origine, une organisation clandestine de résistance fondée en 1943. Objectifs : sauver des enfants juifs menacés de déportation et contrecarrer la propagande raciste nazie.

Créé en 1949, le M.R.A.P. (alors Mouvement contre le Racisme l'Antisémitisme et pour la Paix) a pris une dénomination plus large. Il intervient contre d'autres formes de racisme liées aux guerres coloniales. Aujourd'hui, il lutte contre toutes les formes de discriminations raciales — économiques, sociales et culturelles.

Il a mené d'innombrables campagnes concernant le racisme en France et dans le monde. L'une de ses importantes réalisations a été l'élaboration d'une loi contre le racisme adoptée (par l'Assemblée nationale et le Sénat unanimes) en 1972 : elle introduit dans le Code pénal les délits de discrimination à l'embauche, dans le logement, etc., et permet au M.R.A.P. de se porter partie civile pour défendre concrètement les victimes du racisme.

Localement, les Comités (350) luttent contre le racisme sous tous ses aspects. Au niveau national, réception des victimes du racisme (plus de 2 000 par an), aide juridique, communiqués, conférences de presse, intervention auprès des autorités, rassemblements, manifestations. Une part importante de son activité est consacrée à la formation, le M.R.A.P. étant reconnue association d'éducation populaire.

Secours Populaire Français

9, rue Froissart, 75003 Paris. Tél. 42-78-50-48.
Créé en 1946, reconnu d'utilité publique, agréé d'éducation populaire, le Secours Populaire Français a pour mission la solidarité aux plus défavorisés en France et dans le Monde, sans assistanat.

615 000 membres, 44 000 collecteurs (animateurs), 4 800 comités, antennes et relais dans tous les départements, dans les localités, lieux de travail et d'étude (lycées, collèges, facultés).

Journal mensuel « Convergence », tirage 600 000 exemplaires (contrôlé par l'O.J.D.).

Association complètement indépendante de l'État, du gouvernement ou de tout organisme philosophique, politique ou religieuse, fonde son activité sur le bénévolat.

Ses ressources proviennent exclusivement des dons des personnes et collectivités qui répondent à ses appels, des initiatives qu'il organise.

1 200 000 personnes aidées en France en une année. 155 projets d'aide au développement dans 45 pays.

« Les Médecins du Secours populaire français » contribuent à la réalisation des projets de la solidarité en France et dans le monde.

S.O.S. Racisme

19, rue Martel, 75010 Paris. Tél. 42-46-53-52.
Créé en octobre 1984 par un groupe de jeunes « beurs, blacks, blancs » d'une même génération qui se sont dit : « Puisque le racisme s'affiche, formons S.O.S. Racisme, rassemblement de tous les antiracistes afin qu'ils se rencontrent, se connaissent, travaillent ensemble. » Chaque acte raciste, qu'il soit « banal » ou meurtrier doit être stigmatisé, condamné.

Manifestations, protestations, information de l'opinion publique. Service juridique : une commission regroupe des avocats membres de S.O.S. Racisme (l'association pourra se porter partie civile quand elle aura 5 ans d'existence).

15 000 adhérents. Plus de 300 comités locaux en France. 400 000 personnes en juin 1984 à la Concorde ; 200 000 à la Bastille le 14 juin 1986.

Le badge « touche pas à mon pote » vendu à 2 millions d'exemplaires.

Terre des hommes France

24, 26 rue des Bateliers, 93400 Saint-Ouen. Tél. 42-55-05-37.
But : agir pour l'enfant et son devenir. L'association considère le « mal-développement comme le problème primordial et l'obstacle principal au but qu'elle poursuit ; elle se donne pour objectifs et actions : participation au développement communautaire en milieu

rural ou urbain ; formation et éducation ; aide spécialisée (enfants malades, handicapés, orphelins...) ; sensibiliser en France l'opinion publique sur les causes et les mécanismes du mal-développement, et chercher à rendre notre façon de vivre plus solidaire du Tiers Monde ; défense des droits de l'homme, des travailleurs immigrés, du droit d'asile ; campagne « faim et mal-alimentation... ».

Elle fait partie d'une Fédération internationale regroupant 10 autres mouvements nationaux.

Autres associations - Adresses utiles

— Aide Médicale Internationale. 119, rue des Amandiers 75020 Paris (46-36-66-10). En 6 ans 400 médecins et infirmiers bénévoles, du Salvador au Liban, de l'Afghanistan à Haïti...

— Association Internationale de Défense des Artistes victimes de la répression dans le monde (A.I.D.A.). 6, rue de l'Eure 75014 Paris (45-42-16-13). Créée en 1979 en France. Réseau en Suisse, Belgique, Hollande.

— Association pour le Développement des Libertés Fondamentales (A.D.L.F.) et Librairie des Libertés. Responsables : Myriam et Marc Agi. 16, rue Littré 75006 Paris (45-49-10-98).

— Bureau International Catholique de l'Enfance. 137 bd Malesherbes 75017 Paris (47-63-98-40). Plate-forme de rencontre entre les responsables engagés au service des enfants. Statut consultatif auprès de l'O.N.U., l'UNESCO, l'UNICEF.

— Centre de Documentation Juive Contemporaine. 17, rue Geoffroy-l'Asnier 75004 Paris (42-77-44-72).

— Centre National d'Information sur les Droits des Femmes. B.P. 470-08 75365 Paris Cedex 08 (42-25-05-05).

— Comité Français contre la Faim. 42, rue Cambronne 75015 Paris (45-66-55-80).

— Croix-Rouge française. 16, bd Raspail 75006 Paris (45-44-39-33).

— Droits de l'Homme et Solidarité (D.H.S.). 127, rue Notre-Dame-des-Champs 75006 Paris (43-26-80-30). Tâches humanitaires. 6 000 membres. Répertoire recensant les associations de défense des droits de l'homme.

— Fédération des Associations de Solidarité avec les Travailleurs Immigrés. 4, square Vitruve 75020 Paris (43-60-84-41). Aide à l'insertion. Cours donnés aux mères, rattrapage scolaire, alphabétisation...

— Frère des Hommes. 20, rue du Refuge 78000 Versailles (39-50-69-75) et 24, rue Crémieux 75012 Paris (43-44-15-57). Sensibilisation et aide à l'enfance malheureuse en France et dans les pays en voie de développement.

— Institut International des Droits de l'Homme (fondé par René Cassin). 1, quai Lezaymarnesia 67000 Strasbourg (88-35-05-50).

- Justice et Paix. 71, rue Notre-Dame-des-Champs 75006 Paris (43-25-92-91). Organisation de l'Église catholique. Alerte l'opinion publique, intervient pour les droits de l'homme, la justice et la paix.
- Ligue des droits des femmes. 54, avenue de de Choisy 75013 Paris (45-85-11-37).
- Office Français de Protection des Réfugiés et Apatrides (O.F.P.R.A.). Tour Pariferic. 6, rue Émile-Raynaud 93300 Aubervilliers (48-39-88-88). Organisme public accordant le statut de réfugié politique tel qu'il a été défini par la Convention de Genève de 1951.
- A. Pédone (éditions et librairie). 13, rue Soufflot 75005 Paris (43-54-05-97). Droit international.
- Pax Christi. 44, rue de la Santé 75014 Paris (45-35-38-18). Alerte l'opinion publique, travaille avec d'autres mouvements à établir plus de justice.
- Promotion des Tziganes et autres gens du voyage. 27, rue des Annelets 75019 Paris (42-09-15-99).
- Réseau des Amis de la Terre. 72, rue du Château-d'Eau 75010 Paris (47-70-02-32).
- Secours catholique. 106, rue du Bac. 75341 Paris Cedex (43-20-14-14). Campagnes lors des grandes catastrophes. Priorité sur les micro-réalisations dans le Tiers Monde, et les secteurs défavorisés, en France.
- UNESCO. Organisation des Nations Unies pour l'éducation, la science et la culture. Place de Fontenoy 75007 Paris (45-68-10-00). Son but est de contribuer au maintien de la paix en resserrant, dans les domaines qui la concernent, la collaboration entre les nations, notamment dans le domaine de la défense des droits de l'homme.
- UNICEF - Fonds des Nations unies pour l'enfance. 35, rue Félicien-David 75016 Paris (45-24-60-00). Action pour l'enfance défavorisée en France et dans les pays en voie de développement.

Bibliographie

— A.C.A.T. : *Courrier.*
— A.I.C.F. : *Bulletin.*
— AGI, Marc : *René Cassin, fantassin des droits de l'homme* (Plon).
— Aide à toute détresse (A.T.D. Quart Monde) : *Feuille de route.*
— Amnesty International (A.I.) : Chroniques mensuelles / Rapports annuels / *La peine de mort* (éd. Mazarine) / *Les disparus* (éd. du Seuil) / *Les assassinats politiques ; Rapport sur la responsabilité des États* (éd. du Seuil) / *La torture : instrument de pouvoir fléau à combattre* (éd. du Seuil-E.F.A.I.) / *Rapports pays (dossiers et rapports de mission) / Au-delà de l'État ; le droit international et la défense des droits de l'homme (organisations et textes)* (E.F.A.I.) / *U.R.S.S. : les prisonniers d'opinion* (Amnesty-Mazarine).
— BENSADON, Ney : *Les droits de la femme* (P.U.F.).
— BERSTEIN, S., M., P. : *Histoire du xxᵉ siècle* (éd. Hatier).
— CARRÈRE D'ENCAUSSE, Hélène : *Lénine : la révolution et le pouvoir / Staline : l'ordre par la terreur* (Flammarion).
— C.C.F.D. : *La faim : les données actuelles / Les cahiers / Faim développement magazine.*
— CHALIAND, Gérard : *1915. Le génocide des Arméniens* (éd. Complexe).
— CHAZAL, Jean : *Les droits de l'enfant* (P.U.F.).
— C.I.M.A.D.E. Service œcuménique d'entraide : *Information / Dossiers / La population étrangère dans la société française.*
— CORDEIRO, Albano : *L'immigration* (éd. La Découverte).
— DAVID, Claude : *Hitler et le nazisme* (P.U.F.).
— DELACAMPAGNE, Christian : *L'invention du racisme* (Fayard).
— La Documentation française : *Les Cahiers français - La faim dans le Tiers-Monde.*
— Droits de l'Homme : *Recueil d'instruments internationaux* (O.N.U.).
— Droits de l'Homme et Solidarité (D.H.S.) : *Brèche / Vade-mecum.*
— *Le droit d'être un homme, Anthologie mondiale de la liberté* (UNESCO/Lattès).
— DROZ, Bernard, ROWLEY, Anthony : *Histoire générale du xxᵉ siècle* (éd. du Seuil).
— *L'État du monde 1981, 1982, 1983, 1984, 1985* (La Découverte).
— *L'état de la France* (La Découverte).
— F.I.D.H. : *La Lettre / Rapports de mission.*
— FLEM, Lydia : *Le fascisme* (M.A. éditions).
— FOHLEN, Claude : *Les Noirs aux États-Unis* (P.U.F.).
— FONTAINE, André : *Histoire de la guerre froide* (éd. du Seuil) / *Un seul lit pour deux rêves* (Fayard).
— FONTETTE, F. de : *Le racisme / Histoire de l'antisémitisme* (P.U.F.).
— FRANCK, Anne : *Journal* (Calmann-Lévy-Le livre de poche).
— F.T.D.A. : *La Lettre d'information / Tour d'horizon.*

— GASPARD, Françoise, SERVAN-SCHREIBER, Claude : *La fin des immigrés* (éd. du Seuil).
— GIROD, Roger : *Les inégalités sociales* (P.U.F.).
— GLUCKSMANN, A. WOLTON, T. : *Silence on tue* (Grasset).
— GUITARD, Odette : *L'apartheid* (P.U.F.).
— Histoire : *Héritages européens / D'une guerre à l'autre (1914-1939) / Le monde de 1939 à nos jours* (Hachette).
— *Il y a cent ans... La conférence de Berlin (1884-1885)* (Les Nouvelles Éditions Africaines).
— JACKSON, George : *Les frères de Soledad* (Folio Gallimard).
— KLATZMANN, J. : *Nourrir dix milliards d'hommes ?* (P.U.F.).
— LEAUD, Aimé : *Amnesty International, un combat de l'homme pour l'homme* (Librairie des Libertés).
— LEFORT, Claude : *L'invention démocratique* (Fayard).
— LEFRANC, Georges : *Le syndicalisme dans le monde* (P.U.F.).
— LENGELLE, Maurice : *L'esclavage* (P.U.F.).
— LE PAGE, Guirec : *Les droits de l'homme* (Le Centurion).
— LÉVIN, L. : *Droits de l'homme, questions et réponses* (UNESCO).
— Ligue des Droits de l'Homme (L.D.H.) : *Hommes et libertés*.
— Ligue Internationale contre le Racisme (L.I.C.R.A.) : *Cahiers*.
— M.D.M. : *Les droits de l'homme, dossier / La lettre d'information*.
— Médecins sans Frontières (M.S.F.) : *Journal / Dossiers*.
— MICHEL, Henri : *Les fascismes / Pétain et le régime de Vichy* (P.U.F.).
— MILDZA, Pierre : *Le fascisme* (M.A. éditions).
— MIQUEL, Pierre : *L'affaire Dreyfus* (P.U.F.).
— *Le Monde* (quotidien, Dossiers et Documents, Diplomatique, l'Histoire au jour le jour).
— MOUGEON, Jacques : *Les droits de l'homme* (P.U.F.).
— M.R.A.P. : *Droit et liberté*.
— POLIAKOV, Léon : *Bréviaire de la haine* (Calmann-Levy).
— POLIN, Claude : *Le totalitarisme* (P.U.F.).
— *Pour les droits de l'Homme, Mélanges en l'honneur de l'A.D.L.F.* (Librairie des Libertés).
— REMOND, René : *Le XIXᵉ siècle / Le XXᵉ siècle* (éd. du Seuil).
— *Sakharov*, préface de L. Michel et J.-C. Pecker (éd. du Seuil).
— SARTRE, Jean-Paul : *Réflexions sur la question juive* (Gallimard).
— Secours Populaire Français : *Convergence*.
— SIMON, Michel : *Les droits de l'homme* (Chronique sociale).
— Terre des Hommes France : *Défi / Dossiers « actions »*.
— TORRELLI, M., BAUDOUIN, R. : *Les droits de l'homme et les libertés publiques par les textes* (Université du Québec).
— VASAK, Karel : *Les dimensions internationales des droits de l'homme* (UNESCO).
— VINCENSINI, Jean-Jacques : *Le livre des droits de l'homme* (Robert Laffont/Michel Archimbaud).

Table des matières

IMPRIMÉ EN FRANCE PAR BRODARD ET TAUPIN
Usine de La Flèche (Sarthe), le 15-01-1987.
1159-5 - Dépôt légal N° 2247/01/87.
ISBN : 2 - 01 - 011657 - 7   29/0588/3.